Albert Schmelzer
Erziehung in apokalyptischer Zeit

Albert Schmelzer

ERZIEHUNG
IN APOKALYPTISCHER ZEIT

Zeitsymptome,
Johannes-Apokalypse
und Waldorfpädagogik

Mit einem Geleitwort von Heinz Zimmermann

VERLAG AM GOETHEANUM

Herausgegeben von der Pädagogischen Sektion
der Freien Hochschule für Geisteswissenschaft
am Goetheanum, Dornach

Einbandgestaltung von Gabriela de Carvalho

Gesamtherstellung: Freiburger Graphische Betriebe

ISBN 3-7235-0958-4

Inhalt

II. Bewußtseinsfragen

III. Wandlungen der Seele

IV. Kampf um das Ich

Geleitwort

Mit der vorliegenden Studie folgt der Verfasser, der in der anthroposophischen Lehrerbildung tätig ist, beispielhaft einem zentralen Anliegen der Waldorfpädagogik. Dieser moderne pädagogische Impuls kann sich nur dann glaubwürdig auf ihren Schöpfer Rudolf Steiner berufen, wenn er sich nicht einzig auf das zu Lebzeiten Rudolf Steiners Gegebene abstützt, sondern sich immer neu aus den jeweiligen Gegebenheiten der Zeit durch die geistige Aktivität ihrer Repräsentanten begründen läßt.

Aus einer solchen Aufgabenstellung geht Albert Schmelzer den aktuellen Zeitforderungen nach und fragt dabei nach den Konsequenzen für die Schule. Hierbei folgt er aber nicht den üblichen zeitkritischen Pfaden, sondern bringt die Zeitereignisse in Verbindung mit der Apokalypse des Evangelisten Johannes, aus der ja eindeutige Beziehungen zu unserem Jahrhundert erkennbar sind. Aus einem solchen Bezug ergeben sich ganz neue, in ihrer Eigenständigkeit überraschende Aspekte.

So kommt zum einen der aufmerksame Zeitgenosse zu neuen Einsichten in die tieferen Bedeutungen der nach außen bedrohlichen Erscheinungsformen, die für die Erziehung Verantwortlichen zum anderen aber finden konkrete Gesichtspunkte, in welcher Richtung vor allen Dingen sich die Schwerpunkte unseres erzieherischen Tuns verändern müssen, auch innerhalb der Waldorfschulen, um den heutigen Herausforderungen gewachsen zu sein.

So wünscht man dieser eigenständigen Arbeit eine an unseren Zeit- und Erziehungsfragen interessierte, breite Leserschaft.

Juni 1996   *Heinz Zimmermann*

Vorbemerkung

Wir leben in einer apokalyptischen Zeit. Ein dumpfes Gefühl von
Bedrohung bestimmt, wenige Jahre vor dem Jahrtausendende, unser
Lebensgefühl: Bedrohung durch ökologische Katastrophen, durch
Kriege, Bürgerkriege und Gewalt, durch eine immer schneller lau-
fende Zeit, durch wachsende Gereiztheit im Zwischenmenschlichen.
Daß in diesem Zusammenhang endzeitliche Vorstellungen Verbrei-
tung finden und auch aufgeklärte Geister unsere Zeit als «apokalyptisch» empfinden, kann angesichts der Komplexität der Probleme
nicht erstaunen. Denn wie kann die Menschheit einer Verflechtung
von Herausforderungen begegnen lernen, von denen jede einzelne die
Möglichkeiten eines routinemäßigen Politmanagements weit über-
steigt: Ozonloch und Klimakatastrophe, Energieknappheit und Gentechnologie, wachsende Verelendung der Gesellschaften der südlichen
Erdhalbkugel, Bevölkerungsexplosion und Zuwanderungsdruck in die
Industrienationen, deren liberale Demokratien durch schärfere Vertei-
lungskämpfe ohnehin erschüttert werden?

Das wachsende Gefahrenpotential erzeugt im Erleben des modernen, allseits informierten Menschen ein verändertes Zeitempfinden:
Wir leben ständig im Gefühl, den Aufgaben nicht nachzukommen
oder etwas zu verpassen. Der Erwartungsdruck und die rasante Be-
schleunigung von Kommunikations- und Transportmöglichkeiten be-
dingen einander: Wir empfinden uns «im Reißwolf der Geschwindigkeit». Vorüber sind die langen Sommertage unserer – vielleicht noch
auf dem Lande verbrachten – Kindheit, vorüber die nicht enden wol-
lende Adventszeit; als Bürger moderner Millionenstädte bewegen wir
uns doppelt so schnell wie etwa die Menschen in einem griechischen

Dorf. Hektik und Aktionismus fordern ihren Tribut auch in den zwischenmenschlichen Beziehungen. Die Scheidungsquoten steigen, in den größeren deutschen Städten wächst inzwischen jedes zweite bis dritte Kind bei einem Elternteil auf.

Kann es verwundern, daß bei solchen gesellschaftlichen und privaten Spannungen die Gewalt in die Schulen vordringt? Randalierende, erpressende und prügelnde Kids sind längst zum Dauerthema der öffentlichen Diskussion geworden. Aber auch jenseits der spektakulären Schlagzeilen von Gewalt und Drogenmißbrauch ist unübersehbar, daß sich die Kinder und damit auch die Erziehungsaufgaben in den letzten Jahren gewandelt haben. Empirische Untersuchungen, die auf Interviews mit erfahrenen Lehrerinnen und Lehrern an Grundschulen beruhen, sprechen in diesem Zusammenhang eine deutliche Sprache. Die große Mehrheit der Befragten beklagte die zunehmende Konzentrationsschwäche und Unruhe, es gebe immer mehr Kinder, «die besondere Probleme haben, sich für längere Zeit aufmerksam mit einer Sache zu beschäftigen»[1]; zudem werden einerseits Sprachverarmung, andererseits eine Zunahme verbaler Aggression konstatiert. Darüber hinaus seien die Kinder im allgemeinen weniger rücksichtsvoll als früher und stärker ichbezogen. Die allgemeine Leistungsorientierung der Gesellschaft wirke sich bis in die Grundschule herunter aus: Die Kinder seien durchaus lernbereit, aber vor allem dann, wenn dieses Lernen durch Noten honoriert werde, viele seien «weniger am Lerninhalt interessiert ... als vielmehr an der formalen Beurteilung dessen, wie sie das zu Lernende reproduziert haben»[2].

Angesichts solcher Erfahrungen, die sicher im wesentlichen mit den gewandelten gesellschaftlichen Bedingungen von Kindheit zusammenhängen, stellen sich tiefgreifende pädagogische Fragen: Wie kann Schule zu einem Ort werden, wo soziales Lernen möglich ist und die Kinder eine funktionierende Gemeinschaft erleben? Wie sollen Schülerinnen und Schüler angeregt werden, sich nicht nur Kulturtechniken anzueignen, sondern ein schöpferisches Denkvermögen zu entwikkeln, das den Problemen von heute, aber auch denen von morgen gerecht wird? Wie lassen sich medienverwöhnte Kinder heute noch interessieren, wie kann der Unterricht prägende Erlebnisse vermitteln? Wie schließlich hat Schule zu sein, wenn sie weniger Kenntnisse vermitteln als Fähigkeiten bilden möchte – vor allem die Fähigkeit, sich selbst zu führen und zu einer autonomen Persönlichkeit zu werden? Im Blick auf solche und ähnliche Fragestellungen hat der bekannte Erziehungswissenschaftler Hartmut von Hentig eine Forderung erhoben, die sich schon im Titel seines 1993 veröffentlichten Buches ausdrückt: «Die Schule neu denken»[3]; er begründet sie mit den Defiziten der traditionellen, staatlich verfaßten Schule: «Sie entläßt den jungen Menschen kenntnisreich, aber erfahrungsarm, erwartungsvoll, aber orientierungslos, ungebunden, aber auch unselbständig – und einen erschreckend hohen Anteil unter ihnen ohne jede Beziehung zum Gemeinwesen, entfremdet und feindlich bis zur Barbarei.»[4]

Wie aber, so mag der pädagogisch interessierte Zeitgenosse, so mögen auch Waldorfeltern fragen, steht es mit den Waldorfschulen? Stellen sie nicht mit ihrer freiheitlichen Verfassung und solidarischen Sozialgestalt, mit dem Verzicht auf Notenzeugnisse, Versetzungen und Prüfungen, mit ihrer Betonung des künstlerischen und praktischen Unterrichts eine zukunftsweisende Alternative dar? Wer als engagierter Insider der Waldorfschulbewegung die Gespräche auf Elternabenden und in Lehrerkonferenzen, die Erörterungen auf Tagungen und Fortbildungsveranstaltungen verfolgt, wird bemerken, daß auch hier der rauhe Wind der Zeit besorgte Fragen aufgewirbelt hat: Ist die bisherige Praxis noch zeitgemäß? Müßte nicht manche Gewohnheit revidiert, müßten nicht neue Akzente gesetzt werden? Oder auch, radikaler gefragt: Können aus den menschenkundlichen Grundlagen und methodischen Ansätzen der Waldorfpädagogik überhaupt noch Antworten gegeben werden auf die Erziehungsprobleme, die sich heute stellen?

Solche Fragen erfordern eine grundlegende Besinnung; sie hat einerseits aus der Vielfalt der Zeiterscheinungen die bestimmenden, für die Erziehung relevanten Tendenzen herauszuarbeiten, sie hat andererseits aufzuzeigen, inwieweit sich aus einem Überdenken und Ausgestalten anthroposophischer menschenkundlicher Ansätze eine zukunftsorientierte Erziehungspraxis ergeben kann. Die vorliegende Studie versucht, einen Beitrag zu einer solchen Besinnung zu leisten. Sie schlägt dabei einen Weg ein, der dem Leser Geduld abfordert, aber vielleicht auch überraschende und bereichernde Ausblicke eröffnet. Denn die aktuellen Zeitsymptome werden durch einige Aussagen Rudolf Steiners zum 20. Jahrhundert, besonders zum Jahrhundertende, beleuchtet; diese wiederum greifen zumeist Motive der Johannes-Apokalypse, des letzten Buches des Neuen Testamentes, auf, teilweise finden sie sich in Vorträgen, die Rudolf Steiner über dieses Buch gehalten hat. Wegen dieser inneren Beziehung zwischen den Äußerungen Rudolf Steiners und der Johannes-Apokalypse erschien es sinnvoll, an einigen Stellen in die Bilderwelt dieser «Geheimen Offenbarung» einzutauchen; gerade die imaginative Kraft des Dargestellten vermag die spirituelle Tiefendimension der Zeitereignisse zu enthüllen.

Nun zeigt ein Blick auf die umfangreiche Wirkungsgeschichte der Johannes-Apokalypse, daß sie immer wieder, von Joachim de Fiore zu Martin Luther, von Albrecht Dürer zu Marc Chagall, Menschen zur Zeitdeutung und zu künstlerischem Schaffen angeregt hat. Womit hängt die andauernde Aktualität dieses Werkes zusammen? Neben der Eindringlichkeit ihrer Bilderwelt sicherlich mit ihrer Thematik: In der Johannes-Apokalypse wird das Drama der geistigen Selbsterfassung des Menschen geschildert. Worin dieses Drama besteht, deutet sich in der einleitenden Vision des «Menschensohnes»[5] an: Vor dem geistigen Blick des Verfassers erscheint der auferstandene Christus als Urbild und Entwicklungsperspektive des Menschen. Die Sphäre, die hier aufleuchtet, läßt sich schon an dem rätselhaften Begriff des «Menschensohnes» ablesen, den Jesus immer wieder zur Selbstbezeichnung verwendet hat. Das entsprechende aramäische Wort «barnascha» wurde einerseits in der Alltagssprache als Synonym für «Ich» verwendet, es war andererseits ein Terminus technicus esoterischer Strömungen zur Zeit Jesu, die so den kosmischen Ursprung des Menschen bezeichnet haben.[6] Beide Deutungen lassen sich zusammenschauen: Die irdische Individualität wurde empfunden als in die Vereinzelung gefallener Abglanz ihres Urbildes, des Ur-Ich der Menschheit, des Christus. Wenn nun dieses Urbild in die irdischen Verhältnisse einbricht, reißt eine Spannung auf; aus dieser Spannung zwischen dem höheren und niederen Selbst entwickelt sich das apokalyptische Drama, das sich auf vier Ebenen mit jeweils sieben Stufen bildhaft entfaltet.

Zunächst wendet sich Johannes mit sieben Sendschreiben an konkrete Gemeinden Kleinasiens; diese Briefe berühren in Ermahnung,

Lob und Kritik Fragen eines christlichen Gemeinschaftslebens. Auf den sozialen Aspekt der Selbstfindung wird hier der Blick gelenkt. Im weiteren Fortgang werden sieben Siegel eines geheimnisvollen Geschichtsbuches geöffnet. Die Symbolik der Bilder verweist – wie zu zeigen sein wird – auf die Sphäre der Bewußtseinsentwicklung; hier geht es um die Durchchristung des Denkens. Auf einer dritten Erlebnisstufe ertönen dann sieben Posaunenklänge. Die nachfolgenden Visionen beziehen sich auf Erschütterungen, die sich im Zentrum des menschlichen Seelenlebens, im Fühlen, vollziehen. Im letzten Akt schließlich werden sieben «Schalen göttlichen Willens» auf die Erde ausgegossen; die nachfolgenden Szenen der Zerstörung deuten an, was geschieht, wenn die moralische Qualität des Menschen dem Geforderten nicht standhält; hier ist der innerste Willensbereich angesprochen.

In umfassender Weise, so zeigt der erste thematische Überblick, umkreist die Apokalypse des Johannes die zentralen Fragen des Menschseins; das Drama der Selbstfindung spielt sich ab in den sozialen Bezügen, auf dem Felde des Bewußtseins, des Seelenlebens und des Ich des Menschen. Auf eben diese vier Ebenen beziehen sich auch die zentralen Aussagen Rudolf Steiners zur Gegenwart und die Ansätze der Waldorfpädagogik; in der Sorge um die ganzheitliche Entwicklung des Menschen liegt der Berührungspunkt christlicher Esoterik und anthroposophischer Zeitdeutung, Schulgestaltung und Pädagogik.

Von daher ergibt sich der Aufbau der vorliegenden Studie: In vier übergreifenden Kapiteln werden Aspekte des Sozialen, Bewußtseinsfragen, Probleme des Seelenlebens und Fragen der Selbstfindung behandelt. Dabei ist jedes Kapitel ähnlich gegliedert. Zunächst wird auf die aktuellen, vielfältigen und vielfach bedrängenden Zeitsymptome hingeblickt. In einem zweiten Schritt wird dann versucht, die gegenwärtigen Zivilisationserscheinungen auf ihre geschichtliche Tiefendimension hin abzutasten: Handelt es sich um periphere, schnell vorüberhuschende Phänomene oder um längerfristige Tendenzen, mit denen auch in Zukunft zu rechnen ist? In diesem Zusammenhang beleuchten sich die Zeitdeutung Rudolf Steiners und die Johannes-Apokalypse in mehrfacher Hinsicht: Beide umgreifen langfristige Epochen geschichtlichen Werdens, beide schildern die Entwicklung der Menschheit in der Spannung von Emanzipation und Eingliederung, Entwurzelung und – um ein Wort der französischen Philosophin Simone Weil aufzugreifen – «Einwurzelung»[7]: Die mythischen Anfänge der Menschheitsgeschichte waren durchwirkt von den Spuren der Transzendenz, in der weiteren Entwicklung bildete sich parallel zum allmählichen Versiegen naturgegebener spiritueller Erfahrungen allmählich das Denken aus; das errungene Selbstbewußtsein aber bedeutet Befreiung und Gefährdung zugleich.[8]

Damit ist die Situation der Gegenwart umrissen; sie kündigt sich schon an in der Frühzeit des Christentums und durchzieht die Apokalypse des Johannes. Wenn mit dem «Menschensohn» das «Ich» in der Evolution erscheint, dann bedeutet das bewußtseinsgeschichtlich einerseits eine Erhöhung der Individualität, andererseits aber auch, daß fortan jeder einzelne vor die Entscheidung zwischen gut und böse gestellt ist. Die Zahlensymbolik der Johannes-Apokalypse wie auch die Geschichtsauffassung Rudolf Steiners enthalten, das wird im zweiten Kapitel genauer zu zeigen sein, diese Problematik im Zusammenhang mit der Zahl Fünf. In einer siebenstufigen Entwicklung beschreiben die ersten vier Stufen die allmähliche Loslösung der Menschheit von ihrem ursprünglichen Bewußtsein, während die fünfte Stufe vor die Entscheidung stellt, ob diese Verselbständigung in einer Verleugnung des Geistigen endet oder ob in Freiheit ein neuer Zugang zum Spirituellen errungen werden kann. Die fünfte Stufe ist somit als Stufe der Krisis, der Entscheidung, die eigentlich apokalyptische Stufe; sie taucht in der individuellen Entwicklung dann auf, wenn in Freiheit um die Realisierung des höheren Selbst gerungen wird, sie ist in der menschheitlichen Evolution gegenwärtig erreicht.

Wenn im Fortgang der Darstellung diese Entwicklung von verschiedenen Seiten aus betrachtet wird, vermag sich das Verständnis für den apokalyptischen Charakter der Gegenwart zu vertiefen: Das Bedrohliche ist nur die eine Seite der Wirklichkeit, ja, das Dunkel läßt sich begreifen als Schattenwurf eines Lichtes, das aufzuleuchten beginnt. Apokalypse heißt nicht etwa Weltuntergang, sondern «Enthüllung»: Bisher verborgene Schichten der Wirklichkeit werden offenbar, neue Aufgaben stellen sich, der Mensch ist zu Entscheidungen aufgerufen.

16

Eine apokalyptische Betrachtung ist ihrem innersten Charakter nach keine bloß theoretische, sondern eine moralisch-praktische Angelegenheit; ihr Ziel ist, den Willen zu impulsieren und das Verhalten zu verändern.

Von daher folgen innerhalb jedes Kapitels auf die Zeitdeutung Ausführungen zu einer adäquaten Praxis; sie schärfen das Bewußtsein für die Tatsache, daß Rudolf Steiner die zentralen Ansätze anthroposophischer Pädagogik und Sozialgestaltung unmittelbar an eine spirituelle Zeitdeutung angeschlossen hat und zeigen die Fruchtbarkeit dieser Ansätze für eine zukunftsorientierte Erziehung auf; dabei spannt sich der Bogen von menschenkundlichen Überlegungen bis hin zu konkreten methodischen Vorschlägen und Unterrichtsbeispielen. Vielleicht können die Betrachtungen, so fragmentarisch sie auch sind, gerade durch diese Verbindung von Zeitdeutung, geistesgeschichtlichen Aspekten und pädagogischen Auseinandersetzungen und Perspektiven einen Beitrag leisten zur dringend notwendigen Besinnung auf die spirituellen Grundlagen der Waldorfschulen angesichts der Herausforderungen der Gegenwart.

Eine Studie mit einer thematischen Breite wie die vorliegende wächst naturgemäß aus einer Vielzahl von Anregungen; sie entstammen einerseits der Unterrichtspraxis an der Waldorfschule, andererseits den Arbeitszusammenhängen der Freien Hochschule für anthroposophische Pädagogik in Mannheim. Vor allem möchte ich Herrn Bernd Lampe danken für die Anregungen, die ich aus einem von ihm geleiteten Seminar über die Johannes-Apokalypse gewinnen konnte, Herrn Georg Glöckler für die Verlebendigung der Allgemeinen Menschenkunde Rudolf Steiners durch seine Vorträge während der alljährlichen Pädagogischen Arbeitswochen und Herrn Thomas Kracht für die hilfreichen Gespräche über die Komposition der Darstellung.

I. GEMEINSCHAFTSBILDUNG

1. Die Krise des Sozialen

Daß Schule mehr sein soll als Unterricht, ist inzwischen zum Gemeinplatz moderner Pädagogik geworden; umstritten ist, wie sie sich denn vom Lernort zum Lebensort entwickeln kann. Eines gehört jedoch gewiß dazu: Schule sollte mehr und mehr zu dem werden, was Hartmut von Hentig die «Schulpolis» genannt hat; ein Ort, an dem die Spielregeln des sozialen Lebens: Initiative und Vertrauen, Verläßlichkeit, Freundlichkeit und Hilfsbereitschaft, eingeübt werden können.[9] Das gelingt umso besser, je intensiver die Erwachsenen: Eltern und Lehrer, den schützenden Umkreis einer schulischen Sozialgestalt schaffen, die auf den Grundlagen freiheitlicher Wahrheitssuche, gegenseitigen Respekts und wirtschaftlicher Solidarität beruht.

Ein solches Bemühen stößt gegenwärtig auf starke Widerstände; sie liegen nicht nur in der staatlichen Verfaßtheit des Schulsystems begründet, sondern vor allem in der Tatsache, daß das Soziale, sowohl im gesamtgesellschaftlichen wie im zwischenmenschlichen Bereich, immer stärker zum Problem wird. Sensible Zeitbeobachter sind längst auf diesen Verfall sozialer Beziehungen aufmerksam geworden.

So hat Hans Magnus Enzensberger in einem brillanten Essay die These vertreten, das Jahrtausendende stehe unter dem Signum des Bürgerkrieges.[10] In diesem Zusammenhang weist er nicht nur auf die dreißig bis vierzig offenen Bürgerkriege hin, die gegenwärtig weltweit geführt werden und deren Grausamkeiten allabendlich über die Mattscheibe Eingang in die bundesrepublikanischen Wohnzimmer finden, sondern auch auf die latente Gewaltbereitschaft in den Metropolen der Industriegesellschaft: «Auf diese Weise kann jeder U-Bahn-Wagen zu einem Bosnien en miniature werden ... Es genügt, daß einer einen anderen Fußballclub bevorzugt, daß sein Gemüseladen besser geht als der nebenan, daß er ein Kopftuch trägt oder einen Rollstuhl braucht. Jeder Unterschied wird zum lebensgefährlichen Risiko.» Bemerkenswert an dieser Betrachtung erscheint, daß die Anlage zur Aggression nicht in einem fernen Außen geortet wird, sondern in unauffälligen Bürgern, die sich über Nacht in Hooligans, Brandstifter und Amokläufer verwandeln: «Der Bürgerkrieg kommt nicht von außen, er ist kein eingeschleppter Virus, sondern ein endogener Prozeß.» Liegt etwa unter der dünnen Decke der gegenwärtigen Zivilisation eine Wirklichkeit verborgen, die Hobbes mit dem Urmythos von dem «Krieg aller gegen alle» umrissen hat?

Manches deutet darauf hin. Unter dem Motto «Jeder für sich und gegen alle – die Ego-Gesellschaft» druckte vor einiger Zeit ein auflagenstarkes Nachrichtenmagazin die Karikatur eines Narzisten, der sein eigenes Konterfei im Spiegel küßt, als Symbol für die bundesrepublikanische Wirklichkeit ab.[11] Der entsprechende Artikel diagnostiziert einen radikalen Verfall traditioneller sozialer Bindungen. Soziale Verbände verlieren zunehmend an Attraktivität; das gilt für Kirchen und Gewerkschaften ebenso wie für die Familie. Inzwischen wird in der Bundesrepublik Deutschland jede dritte Ehe geschieden, seit 1950 hat sich die Zahl der Einpersonenhaushalte in Westdeutschland beinahe verdoppelt, in jeder dritten Wohnung lebt heute ein Single. Der Tanz ums «Goldene Selbst» sei angesagt, in seinem Gefolge schreite die gesellschaftliche Desintegration rapide voran: «... die demokratische Gesellschaft zerfällt in egoistische Gruppen und Grüppchen: Ost gegen West, Arm gegen Reich, jeder gegen jeden und jeder nur für sich.»

Schon zuvor hatte der Schriftsteller Botho Strauß in seinem viel besprochenen Essay «Anschwellender Bocksgesang» in poetisch-verschlüsselter Sprache ähnliche Töne angeschlagen. Dem Außenstehenden, so heißt es da, der im allgemeinen vor dem komplizierten Miteinander des sozialen Organismus scheue Bewunderung empfindet, will es heute scheinen, «als hörte er jetzt ein letztes knisterndes Sich-Fügen, als sähe er gerade noch die letzten, denen die Flucht in ein Heim gelang, vernähme ein leises Einschnappen, wie ein Schloß, ins Gleichgewicht. Danach: Nur noch das Reißen von Strängen, gegebenen Händen, Nerven, Kontrakten, Netzen und Träumen»[12]. Angesichts einer solch vielstimmigen Klage kann man aufmerksam werden auf eine Prognose, die Rudolf Steiner 1921 ausgesprochen hat und die bis in die Formulierung hinein mit den angeführten Gegenwartsanalysen zusammenklingt: «Wenn man die Dinge so laufen läßt ...» – gemeint ist das Aufkommen einer materialistischen Weltanschauung im 19. Jahrhundert –, «so werden wir am Ende des 20. Jahrhunderts stehen vor dem Kriege aller gegen alle. Da mögen die Menschen noch so schöne Reden halten, noch so viele wissenschaftliche Fortschritte gemacht werden, wir würden stehen vor diesem Krieg aller gegen alle. Wir würden eine Menschheit heranzüchten sehen, welche keine sozialen Instinkte mehr hat, umso mehr aber reden würde von sozialen Dingen.»[13] Damit ist ein apokalyptisches Motiv angeschlagen, das Steiner schon 1904 erwähnt[14] und 1908 in Vorträgen über die Geheime Offenbarung des Johannes – allerdings bezogen auf einen späteren Zeitpunkt – inhaltlich charakterisiert hatte als Bereitschaft «zum Kriege des einzelnen gegen den einzelnen auf den mannigfaltigsten Gebieten des Lebens, zum Kriege der Stände gegen die Stände, der Kasten gegen die Kasten, der Geschlechter gegen die Geschlechter»[15].

Nun war Steiner nichts weniger als ein Unheilsprophet, der im Blick auf zukünftige Katastrophen den Dingen ihren Lauf gelassen hätte. Vielmehr hat er den antisozialen Charakter der neuzeitlichen Entwicklung nicht nur beschrieben, sondern auch als Herausforderung begriffen, Wege zur Überwindung der antisozialen Kräfte zu zeigen.[16] In diesem Zusammenhang hat er weniger an die Schreckensvision eines «Krieges aller gegen alle» angeknüpft, welche gegen Ende der Johannes-Apokalypse auftaucht, sondern hat Motive entfaltet, wie sie in bildhafter Weise am Anfang dieses Werkes in Briefen an sieben Gemeinden aufleuchten; die entsprechenden Passagen seien im folgenden Kapitel vorgestellt.

2. Die sieben Sendschreiben: Von einseitigen Orientierungen und der Notwendigkeit des Erwachens

Nach der einleitenden Vision des Menschensohnes beginnt die erste Siebenerfolge in der Apokalypse: Johannes wird aufgefordert, in Briefen an sieben kleinasiatische Gemeinden die Worte des auferstandenen Christus, die er geistig wahrnimmt, niederzuschreiben. In diesem Zusammenhang fällt zunächst auf, daß diese Sendschreiben an die «Engel» der Gemeinden gerichtet sind. Die damit für das moderne Bewußtsein entstehende Schwierigkeit, daß ein Mensch beauftragt wird, an Engel zu schreiben, haben manche Ausleger mit der Hypothese zu umgehen versucht, es seien hier mit «Engeln» die Vorsteher der Gemeinden – Bischöfe oder Propheten – gemeint. Doch findet eine solche Vermutung weder im Sprachgebrauch der Apokalypse noch sonst im Neuen Testament auch nur die geringste Stütze; das Wort «Angelos» bezeichnet hier durchweg geistige Wesen.[17] Hinter der Tatsache, daß die Briefe an die Engel der Gemeinden gerichtet sind, steht vielmehr die vielfach bezeugte Erfahrung des esoterischen Judentums, daß sowohl einzelne Menschen wie Völker wie auch Gemeinschaften einen Schutzgeist haben, mit dem sie besonders verbunden sind.[18]

Weiterhin erscheint bemerkenswert, daß Johannes sich gerade an sieben Gemeinden Kleinasiens wendet, die in der Apokalypse namentlich genannt werden: an Ephesus, Smyrna, Pergamon, Thyatira, Sardes, Philadelphia und Laodicea. Nun ist die Beobachtung interessant, daß die Gemeinden in der Reihenfolge der Erwähnung einen Kreis bilden; sie lagen entlang einer relativ bequemen Reiseroute, die gleichzeitig der Postweg Kleinasiens war: Von Ephesus aus ging eine breite Straße parallel zur Küste nordwärts über Smyrna und Pergamon, dort zweigte eine Magistrale südöstlich ins Landesinnere ab und berührte Thyatira, Sardes, Philadelphia und Laodicea, von wo aus man auf der nach Westen führenden Route entlang des Flußtals des Mäander zum Ausgangspunkt zurückkehren konnte.[19] Der Schluß liegt nahe, daß die

Apokalypse als eine Art Rundbrief den Gemeinden durch einen Boten überbracht werden sollte. Erstaunlich aber ist, daß andere bedeutende Gemeinden der Provinz Asien wie etwa Milet, Troas oder Kolossae ungenannt bleiben, obwohl auch sie verkehrstechnisch gut zu erreichen waren.

Dieser Sachverhalt deutet im Zusammenhang mit dem Gesamtaufbau der Apokalypse darauf hin, daß die konkrete Situation der sieben Gemeinden auf Urbildliches verweist. Worin aber besteht diese Urbildlichkeit? Emil Bock hat in seinem Kommentar zur Apokalypse mit einer eindrücklichen Schilderung der landschaftlichen Umgebung der Gemeinden einen hilfreichen Ansatz unternommen; dabei ist besonders der Gegensatz zwischen Ephesus, der ersten, und Laodicea, der letzten der sieben Gemeinden bemerkenswert.

Ephesus, an einer weiten, runden Bucht gelegen, war die Stadt am Meere; das Leben, eingebettet in Sonne, Wind und grünende Felder, spielte sich in einer paradiesischen Landschaft ab. Ganz anders, je mehr man sich Laodicea nähert: Der Weg führt in das Hochgebirge, in eine Gegend, in der alles Leben zurückgedrängt ist, «als wäre man auf einen fremden, erstorbenen Planeten versetzt»[20]. Die in der Landschaft liegenden Todeskräfte scheinen sich in der nahe Laodicea gelegenen alten Orakelstätte von Hierapolis verdichtet zu haben. Dort gab es eine tief in das Innere der Felsenberge eindringende Grotte: das Plutonium, der Sage nach die Wohnung Plutos, des Gottes der Unterwelt. Die Tatsache, daß in diese unterirdische Grotte giftige Gase aus dem Erdinneren eindrangen, war Grundlage eines rätselhaften Kultes von Kybele-Priestern; sie ließen sich in einen pythisch-somnambulen Zustand versetzen, aus dem heraus sie Orakelsprüche gaben.

Zwischen paradiesischem Leben und Todeskräften spannt sich also der Bogen der sieben Gemeinden. Verweist diese Anordnung im Raum auf eine zeitliche Dimension, ist die konkrete Situation der Gemeinden transparent für eine tiefere Schicht, sind sie gleichzeitig Symbole idealtypischer Lebenshaltungen? Versuchen wir, ein genaueres Bild der Lage der Gemeinden und der an sie gerichteten Worte zu gewinnen.

Der erste und siebte Brief

Das erste Sendschreiben richtet sich an die Gemeinde von Ephesus; die Stadt, in der sie lebte, war eine der erfolgreichsten und glänzendsten Städte des Römischen Reiches, berühmt nicht nur als Haupthandelsplatz zwischen Orient und Okzident, sondern vor allem wegen des Artemis-Tempels, der zwar nach der Brandstiftung durch Herostrat 356 v. Chr. vernichtet, aber inzwischen längst wieder aufgebaut worden war und als Wallfahrtsort eine große Anziehungskraft besaß. Wieviel an esoterischem Wissen und magischen Praktiken hier noch lebte, zeigt die Anmerkung in der Apostelgeschichte, nach der Predigt des Paulus hätten viele Epheser ihre Zauberbücher verbrannt, «und als man den Wert der Bücher schätzte, kam man auf eine Summe von 50 000 Silbermünzen» (Apg 19, 19). Die christliche Gemeinde scheint von dem in Ephesus herrschenden Spiritualismus, in dem die Grundstimmung eines frühen goldenen Zeitalters nachklang, nicht unbeeinflußt geblieben zu sein. Zwar hat sie die Kraft der Erkenntnis gezeigt, indem sie umherziehende Wanderprediger, die sich als Apostel ausgaben, «geprüft und als Betrüger erwiesen» hat. Nicht aber hat es die Gemeinde verstanden, die Kraft der «ersten Liebe» zu bewahren:

> *Du liebst nicht mehr,*
> *wie Du früher geliebt hast.*
> *Denk nach! Überlege:*
> *So hoch bin ich einmal gestanden*
> *und jetzt: so tief gefallen.*
> *Kehr um, besinne Dich!*
> *Dein Leben und Tun*
> *sei wieder wie früher.*

Tritt uns in Ephesus die Gefahr einer spiritualistischen, weltflüchtigen Einstellung entgegen, so war die Lage der Gemeinde von Laodicea geradezu entgegengesetzt. Die Stadt, in der sie lebte, war eine der wichtigsten Handels- und Industriestädte im hellenistischen Kulturraum; die Banken von Laodicea waren berühmt, der Reichtum der Stadt galt als sprichwörtlich. Der äußere Wohlstand aber hat die innere

Suche erstickt. Sattheit und Indifferenz, «Lauheit», kennzeichnen die Lage der Gemeinde. Eindringlich ruft Johannes zur Umkehr auf; die dabei verwendeten Bilder knüpfen an die Verhältnisse der Gemeinde an und weisen zugleich in ihrer Symbolik auf Allgemeingültiges hin.

> *Ich kenne Dein Leben und Tun,*
> *ich weiß, daß Du nicht kalt bist,*
> *doch auch nicht heiß.*
> *Ach, wärst Du nur kalt oder heiß!*
> *Doch Du bist lau,*
> *nicht heiß und nicht kalt,*
> *und darum will ich Dich ausspeien*
> *aus meinem Mund.*
> *Du sagst: Ich bin reich –*
> *begütert! Ich brauche nichts mehr!*
> *Und weißt dabei nicht,*
> *daß Du unglücklich, bejammernswert, bettelhaft,*
> *blind und nackend bist . . .*

Nicht materielles Gold, so ermahnt Johannes weiter, sei anzustreben, sondern das innerlich erarbeitete Weisheitsgold spirituellen Strebens. Nicht kostbare Gewänder – Laodicea war für seine Textilindustrie, besonders für die Fabrikation glänzend schwarzer Wollstoffe berühmt – seien zu erwerben, sondern die «weißen Kleider» einer reinen Geistgestalt. Auch auf die Augensalbe, die in Laodicea produziert und weithin exportiert wurde, spielt der Apokalyptiker an, doch soll sie nicht nur die äußere Wahrnehmung heilen, sondern einem neuen, übersinnlichen Sehen dienen.

> *Kauf von mir Gold,*
> *das innen durchglüht ist,*
> *damit Du reich wirst.*
> *Kauf weiße Gewänder,*
> *damit die Schande Deiner Nacktheit*
> *nicht offenbar wird.*
> *Kauf Salbe,*
> *reib die Augen ein,*
> *damit Du siehst.*

Vor zwei entgegengesetzten Einseitigkeiten – das mag durch die Textpassagen deutlich geworden sein – wird in den Briefen an die Gemeinden von Ephesus und Laodicea eindringlich gewarnt: einerseits vor einem weltflüchtigen Spiritualismus, andererseits vor einer zu starken Diesseitsorientierung, die in den Materialismus hineinführt. Treten uns damit im ersten und siebten Sendschreiben negative Entwicklungsperspektiven vor Augen, so weisen der zweite und sechste Brief, gerichtet an die Gemeinden von Smyrna und Philadelphia, auf positive Grundhaltungen hin. Auch hier seien die Gemeinden und die an sie gerichteten Worte kurz vorgestellt.

Der zweite und sechste Brief

Smyrna, das heutige Izmir, war wegen seiner günstigen Lage an einer tief in die anatolische Küste einschneidenden Bucht eine blühende Hafenstadt. Die Christen dieser Stadt aber waren arm und wiederholt Verfolgungen durch die jüdische Synagoge ausgesetzt; als Folge einer dieser Kampagnen wurde im Jahre 156 der greise Bischof Polykarp den römischen Behörden ausgeliefert. Als der Magistrat, der ihn schonen wollte, ihn zu überreden versuchte, dem Kaiser zu opfern, antwortete Polykarp, der vielleicht schon zur Zeit des Sendschreibens zur Gemeinde gehörte: «86 Jahre habe ich Christus gedient, und er hat mir nichts Böses getan. Wie kann ich ihn, meinen König, lästern, der mich errettet hat?»[21]

Entsprechend der bedrängten Lage der Gemeinde durchzieht ein dualistischer Grundzug das Sendschreiben. Trotz ihrer Armut wird die Gemeinde als «reich» charakterisiert; das Erdulden von Marter und Leid, die Treue bis in den Tod wird mit dem Kranz des Lebens belohnt werden, wer die Bösen überwindet, entgeht dem zweiten, dem geistigen Tod.

> *Dies verkündet der Geist seinen Gemeinden:*
> *Wer die Bösen besiegt*
> *und die Versuchungen bestanden hat,*
> *dem wird von dem zweiten, dem ewigen Tod*
> *kein Leid mehr geschehen:*
> *Er entgeht dem Verderben.*

Der Weg zum Christentum und damit zum wahrhaft Menschlichen, daran erinnert der zweite Brief, ist stets mit geistigen Kämpfen und Auseinandersetzungen verbunden.

In einer ähnlichen Lage wie die Gemeinde von Smyrna war die von Philadelphia. Die Stadt, etwa 40 km südöstlich von Sardes gelegen, war unscheinbar und von häufigen Erdbeben bedroht. Zahlenmäßig klein und schwach erschien auch die christliche Gemeinde, die überdies schweren Repressionen durch die jüdische Bevölkerungsgruppe ausgesetzt war. Aber die Gemeinde trug ihren Namen, in dem das Motiv der «Bruderliebe» anklingt, nicht unberechtigt.

So klein sie auch ist
Deine Kraft:
Festgehalten hast Du
trotz Deiner Schwäche
an meinen Geboten
und hast meinen Namen niemals verleugnet.

Darum hat «der Heilige und Wahrhaftige, der Davids Schlüssel hat», der Gemeinde «die Tür geöffnet»; wie ein David die Schlüsselgewalt über den königlichen Palast besaß, so erschließt Christus den Zugang zum «neuen Jerusalem, das vom Himmel auf die Erde kommt», die Überwinder des Bösen werden zum «Pfeiler» einer neuen Schöpfung. Durch diese Bilder weist der Brief auf eine weite Entwicklungsperspektive hin: Die «Bruderliebe» erscheint als eine Kraft, welche in einem Christentum «der offenen Türen» einen Zugang zum Mitmenschen und zur geistigen Welt eröffnet und damit eine neue Welt begründen hilft.

Lenkt man nun die Aufmerksamkeit über die einzelnen Briefe hinaus auf ihren Zusammenhang, so kann ihre innere Verschränktheit aufleuchten. Das zweite und sechste Sendschreiben erwiesen sich einem ruhigen Besinnen als Korrektiv gegenüber den Einseitigkeiten, wie sie im ersten und siebten Brief geschildert werden: Der weltflüchtige Spiritualismus von Ephesus kann durch die Bruderliebe Philadelphias geheilt, der Materialismus Laodiceas durch ein geistiges Ringen, wie es in Smyrna herrschte, korrigiert werden. Die «äußeren» der sieben

Briefe stellen somit geistige Wegmarken dar, welche die Grundrichtungen von Lebensorientierungen bewußtmachen.

Wie aber kann der rechte Weg gefunden werden? Wie läßt sich der Kompaß entdecken, der die Einseitigkeiten von Spiritualismus und Materialismus vermeiden hilft? Wie können die Quellen von Erkenntnis und Liebe erschlossen werden? Ein Blick auf die «mittleren» drei Sendschreiben vermag bei der Suche nach Antworten weiterzuhelfen.

Der dritte, vierte und fünfte Brief

Das dritte Sendschreiben ist an die Gemeinde von Pergamon gerichtet, es beschwört die Gefahren, die dem Christentum in der Begegnung mit der Religiosität der antiken Hochkulturen drohen. Pergamon war das religiöse Zentrum der Provinz Asia. Auf dem 300 m hohen Burgberg der Stadt ragte der gewaltige Zeusaltar aus schneeweißem Marmor empor, der sich heute in Berlin befindet; zudem gab es Kulte der Athene und des Dionysos. Ein Asklepios-Heiligtum zog Heilsuchende aus weitem Umkreis an, so daß sich die Stadt zum «Lourdes» Asiens entwickelte. Schon im Jahre 29 v. Chr. war in Pergamon ein Heiligtum für den Divus Augustus und die Göttin Roma errichtet worden; hier stand die Wiege des Kaiserkults. Besonders diese Cäsarenverehrung, römisches Erbe ägyptisch-theokratischer Tradition, war für die Christen gefährlich, galt doch ihre Verweigerung als staatsnegierende Gottlosigkeit. Auf diesen Zusammenhang beziehen sich die Zeilen:

Ich weiß, wo Du wohnst:
Am Ort des Satan-Throns
ist Deine Heimat.

Schon in der Vergangenheit ist das Gemeindemitglied Antipas «im Hause des Teufels», wohl bei der Ablehnung des Cäsarenopfers, umgebracht worden; und auch später haben sich die Christen in Konfrontation mit dieser äußeren Bedrohung als «treu und standhaft» erwiesen. Nicht so verhält es sich gegenüber einer inneren Versuchung. Die Gemeinde duldet Menschen unter sich, «die sich an die

28

Lehre Bileams halten, des Götzendieners, der Balak gelehrt hat: Verführe Israels Kinder …»

Was ist mit dieser Anspielung auf die alttestamentliche Gestalt des Bileam gemeint? Im vierten Buch Mose (Num 22–24) wird berichtet, wie die Israeliten nach 40jähriger Wüstenwanderung an der Grenze des ersehnten Landes, des Gebietes der Moabiter, standen. Balak, der König der Moabiter, ließ darauf den Propheten Bileam herbeirufen mit dem Auftrag, die Israeliten zu verfluchen. Doch der Fluch wandelte sich in ein Segenswort. Allerdings gab Bileam den Rat, die Moabiterinnen sollten sich unter die Israeliten mischen, sie verführen und damit zu Anhängern des Baal machen, einer Fruchtbarkeitsgottheit, in der die Macht naturhafter, ekstatisch ausgelebter Sexualität verehrt wurde.[22] Damit wird der Sinn der scharfen Anklage, die in dem Sendschreiben nach Pergamon vollzogen wird, deutlicher. Offensichtlich gab es in der Gemeinde Gruppen, die sich nicht genügend von den Praktiken der Umgebung abgrenzten. Dazu zählte einerseits das Essen von «Opferfleisch», die Teilnahme an heidnischen Kultmahlzeiten, andererseits die «Unzucht», sexuelle Freizügigkeit. Damit wird die Gemeindesituation transparent für die Gefahr, die bei einer Konservierung antiker Religiosität drohte: das Aufgehen in einer sensualistischen, rein empfindungshaften Frömmigkeit, der die Nüchternheit individueller Erkenntnis und die Verbindlichkeit ethischer Lebensführung fehlt.

In einem ähnlichen Spannungsfeld lebte die Gemeinde von Thyatira. Die Stadt, in der Landschaft Lydien an einer Kreuzung wichtiger Verkehrswege gelegen, war wegen ihres Handels und der Zahl ihrer Handwerksgilden bekannt; Inschriften belegen Zünfte der Woll- und Leinenhersteller, der Schneider, Färber, Gerber und Kupferschmiede. Die Purpurhändlerin Lydia, die Paulus in Philippi beherbergte, stammte aus Thyatira (Apg 16,14).

Handwerk und Handel begünstigen im allgemeinen die Entwicklung eines klaren Gedankenlebens, die damit verbundene, weltzugewandte ethische Durchdringung der Lebensführung der Gemeinde wird ausdrücklich lobend hervorgehoben, die «Liebe», die in Ephesus fehlte, ist hier vorhanden, dabei sind «die letzten Werke mehr als die ersten». Allerdings ist dieses ichhafte Bewußtsein bedroht, und hier setzt die Kritik an der Gemeinde an: Sie läßt das Wirken einer Prophetin zu, welche – wie der Brief sagt – «meine Kinder» verführt:

Da! kostet, wie das Fleisch schmeckt,
Das Opferfleisch für die Götzen.
Treibt Unzucht mit Huren!

Indem diese Prophetin mit dem symbolischen Namen «Isebel» belegt wird, spielt Johannes auf die im Buche der Könige genannte phönizische Gattin des Königs Ahab an, die in Israel den Baalkult einführen wollte. Mit dem Wirken der «Isebel» von Thyatira ist somit eine ähnliche Versuchung gegeben wie in Pergamon – allerdings mit einem gravierenden Unterschied. Denn die Isebel von Thyatira beansprucht für sich, die «Tiefe der Gottheit» – Johannes spricht von der «Tiefe des Satans» – erfahren zu haben, sie legitimiert ihre Lehre durch höhere Erkenntnis. Isebel vertritt einen Geistenthusiasmus, für den der Leib und das äußere Verhalten unerheblich erscheinen; dem Vollkommenen kann ethische Freizügigkeit nicht schaden. Eine solche Lehre kam sicherlich den Interessen mancher Gemeindemitglieder entgegen. Denn die Feste der Innungen waren immer auch religiöse Veranstaltungen; zunächst wurde dem Schutzgott geopfert, dann ein oft ausgelassenes Mahl gehalten. Soweit sich die Christen ausschlossen, hatten sie den Boykott der Zunft zu befürchten. Indem nun die Lehre der «Isebel» in drastischer Bildhaftigkeit gegeißelt wird, schärft der Apokalyptiker einerseits den Blick für die Gefahr des Gnostizismus, andererseits wird die utilitaristische Tendenz attackiert, sich in einer Verquickung von Geschäft, Frömmigkeit und Sinnengenuß vergleichsweise komfortabel einzurichten.

Wenn man sich diesen Hintergrund vergegenwärtigt, erscheint die Differenz zur Gemeinde von Pergamon in einem deutlicheren Lichte. Während in Pergamon die Gefahr bestand, in den Stürmen eines intensiven, aber schwankenden Empfindungslebens die klare Lebensorientierung zu verlieren, scheiterten manche Gemeindemitglieder von Thyatira an den Klippen eines Gedankenlebens, das im Banne subjektiver Interessen verhaftet blieb. Im fünften Sendschreiben nun, gerichtet an die Gemeinde von Sardes, findet sich das entscheidende Motiv, das über die Beschränktheit eines rein empfindungshaften Seelenlebens, aber auch über die Begrenztheit egoistischer Interessen hinausführen kann; der Zusammenhang sei kurz umrissen.

Sardes, im sechsten Jahrhundert v. Chr. die Heimat des sagenhaft reichen Königs Krösus, hatte längst ihre Blütezeit als alter lydischer Königssitz hinter sich. Zwar hatte sie Tiberias nach einem furchtbaren Erdbeben im Jahre 17 n. Chr. wieder aufgebaut, doch mehr als eine einfache Provinzstadt war Sardes zur Zeit des Sendschreibens nicht. Allerdings gewinnt man aus dem Brief den Eindruck, daß die Mitglieder der Gemeinde von Sardes sich im Bewußtsein vergangener Größe sonnten. Entsprechend hart ist die Mahnung, endlich aufzuwachen und umzudenken:

Ich kenne Dein Leben und Tun.
Ich weiß, es heißt von Dir,
daß Du lebendig seist;
aber in Wahrheit bist Du tot.
Wach auf und gib dem anderen,
dem fast schon Gestorbenen, Kraft.
Deine Werke,
Ich habe sie geprüft,
sind Fetzen und Bruchstücke vor meinem Gott.
Darum bedenke das Wort, das Du gehört hast.
Bewahr es! Beginne von Neuem! Kehr um!
Wenn Du nicht aufwachst, werde ich heimlich
wie ein Dieb zu Dir kommen:
Denn die Stunde meines Kommens
kennst Du nicht.

Drei Elemente erscheinen beim Überdenken dieser Worte wesentlich. Zunächst einmal wird auf eine krasse Diskrepanz von Schein und Sein hingewiesen: Die Gemeinde glaubt von sich, lebendig zu sein, ist aber in Wahrheit abgestorben, ihre Werke sind wertlos vor Gott. Entsprechend hart erfolgt sodann die Mahnung, endlich aufzuwachen und den Sinn zu ändern. Sollte das nicht geschehen, so wird schließlich angekündigt, werde der Christus erscheinen «wie ein Dieb».

Mit diesem Wort steht ein sprechendes Bild am Ende des Briefes. Das Nahen des Christus bedeutet, daß alte Sicherheiten geraubt werden; wenn mit dem Menschensohn das Prinzip des Ich in die Gegenwart einbricht und die Ausbildung eines höheren Selbst verlangt, ist ein Ausruhen auf alten Erbschaften nicht mehr möglich, sondern innere Aktivität, das Erwachen zu einem höheren Bewußtsein, gefordert. In welche Richtung dieses Erwachen zu denken ist, erschließt der Zusammenklang des dritten, vierten und fünften Sendschreibens: Es gilt, sich sowohl von den Fesseln willkürlicher Emotionen zu befreien wie über die Mauern subjektiver Interessen hinauszublicken und sich in Erkenntnis und Liebe der Welt zu öffnen.

Damit kann der Kern der bisherigen Betrachtungen herausgeschält werden. In künstlerischer Komposition weisen die sieben apokalyptischen Sendschreiben auf die Gefahren und Vorzüge grundlegender Einstellungen zur Welt und zum Mitmenschen hin. Dabei repräsentiert die erste der angesprochenen Gemeinden, die Gemeinde von Ephesus, die Einseitigkeit einer weltflüchtigen Lebenshaltung, während die zuletzt erwähnte Gemeinde von Laodicea der entgegengesetzten Gefahr einer zu starken Diesseitsorientierung unterliegt. Demgegenüber stellen die zweite und sechste Gemeinde Beispiele positiver Lebenshaltungen dar; das geistige Ringen der Gemeinde von Smyrna kann als Korrektiv der materialistischen Grundhaltung von Laodicea erlebt werden, die Bruderliebe Philadelphias erscheint als Weg, die weltabgewandte Innerlichkeit von Ephesus zu überwinden. Die dritte, vierte und fünfte Gemeinde schließlich sind in ihrer Abfolge zu betrachten: Es gilt, sowohl den empfindungshaften Sensualismus von Pergamon wie auch den Utilitarismus von Thyatira zu überwinden durch das Erwachen zu einem höheren Bewußtsein, wie es von der Gemeinde von Sardes gefordert wird.

Im Besinnen dieser Motive ergeben sich Grundorientierungen eines menschenwürdigen sozialen Lebens. Dabei geht es darum, sowohl die Skylla eines weltabgewandten Spiritualismus, der in elitärer Abgeschlossenheit, Dogmatismus und Sektierertum endet, zu umsegeln wie auch die Charybdis eines Materialismus, der zu Oberflächlichkeit, Pragmatismus und zum Verzicht auf originäre Zielsetzungen führt. Ziel einer solchen Gemeinschaft wird es sein, das offene Meer eines lebendigen geistigen Lebens zu gewinnen und Sozialformen tatkräftiger gegenseitiger Hilfe zu entwickeln, um so Erkenntnis und Liebe miteinander zu verbinden. Der Weg dazu erschließt sich durch eine Bewußtseinsverwandlung, die im Überwinden momentaner Empfindungen und egoistischer Interessen ein geistiges Erwachen darstellt.

Im folgenden Kapitel soll nun gezeigt werden, inwieweit die zentralen Ansätze von Rudolf Steiners Sozialideen diesen Orientierungen der apokalyptischen Sendschreiben entsprechen und wie sie für das soziale Leben einer Schulgemeinschaft fruchtbar gemacht werden können.

3. Wege zum Geist einer Schulgemeinschaft

Beim Überdenken der Bilder und Begriffe der apokalyptischen Sendschreiben mag einem modernen Bewußtsein zunächst befremdlich erscheinen, daß dort von dem Geist einer Gemeinschaft als von einem
konkreten geistigen Wesen gesprochen wird. Besinnt man sich allerdings auf Erfahrungen in Gruppenprozessen, so wird bald einleuchten,
daß eine Gemeinschaft mehr ist als die Summe ihrer Mitglieder mit ihren persönlichen Standpunkten, psychischen Nuancierungen und individuellen Willensimpulsen: Eine Gemeinschaft bildet sich durch gemeinsame geistige Zielsetzungen, sie steigert ihre Kraft, wenn ihre
Glieder dieser Geistigkeit verbunden bleiben, sie verfällt, sobald persönliche Differenzen, antipathische Stimmungen und Eigennutz die
Oberhand gewinnen, sie kann von einem «Ungeist» ergriffen werden,
wenn sie sich in den Dienst inhumaner und unzeitgemäßer Interessen
stellt. Eine solche Einsicht kann eine Brücke bilden sowohl zur Anschauung des Apokalyptikers wie auch zur Auffassung Rudolf Steiners, daß jede Gemeinschaft mit einem geistigen Wesen verbunden ist
und daß folglich jede Gemeinschaftsbildung in dem Versuch besteht,
einen Zugang zu diesem Geist zu finden; das geschieht durch die Ver-
ständigung über die Ziele der Gemeinschaft.

In welcher Richtung können solche Ziele liegen? Auch in diesem
Zusammenhang kann die Beschäftigung mit den apokalyptischen
Sendschreiben und ihrer Warnung vor den Einseitigkeiten von Spiritualismus und Materialismus hilfreich sein. Denn einem aufmerksa-
men Beobachter wird nicht entgehen, daß solche Tendenzen auch in
der Schulbewegung leben; es fällt nicht schwer, die entsprechenden
Erscheinungen zu charakterisieren. Da gibt es einerseits Schulen mit
einer eher spiritualistischen Tendenz. Diese Einrichtungen wirken
durch und durch «anthroposophisch», im Vordergrund steht das Ringen um die menschenkundlichen Grundlagen der Pädagogik, die geisteswissenschaftliche Durchdringung der Fachgebiete, den Schu-
lungsweg des Lehrers. So positiv ein solches Bemühen zu werten ist,
so aufmerksam ist hier die Frage zu stellen, ob die Innerlichkeit des

Studiums auch ausstrahlt bis in die äußeren Gestaltungen hinein: den konkreten Unterricht, die Schulfeste, die Gestaltung des Schulbaues und der Räume, die Beziehungen innerhalb des Kollegiums und zu den Eltern. Es ist zudem zu prüfen, ob die Erkenntnissuche nicht umschlägt in Dogmatismus, ideologisch verhärtete Positionen und Sektierertum. Vor allem aber ist darauf zu achten, daß sich neben die Erkenntnis die Liebe stellt, daß bis in die wirtschaftlichen Verhältnisse hinein ein Geist der Brüderlichkeit die Schulgemeinschaft durchzieht. Im folgenden sei versucht, diesen Aspekt zu konkretisieren.

Vom Sozialen Hauptgesetz und der Solidarität in der Einkommensbildung

Wie der Apokalyptiker gegenüber dem Spiritualismus der Gemeinde von Ephesus die Mahnung aussprach, die ursprüngliche Liebe nicht zu verlieren, so hat Rudolf Steiner in bezug auf das soziale Leben ein Gesetz formuliert, dessen Beachtung ein Korrektiv sein kann gegenüber einseitig spiritualistischen Tendenzen: das Soziale Hauptgesetz.

Es lautet: «Das Heil einer Gesamtheit von zusammenarbeitenden Menschen ist umso größer, je weniger der einzelne die Erträgnisse seiner Leistungen für sich beansprucht, das heißt, je mehr er von diesen Erträgnissen an seine Mitarbeiter abgibt, und je mehr seine eigenen Bedürfnisse nicht aus seinen Leistungen, sondern aus den Leistungen der anderen befriedigt werden.»[23]

Es lohnt sich, gerade im Blick auf den Schulzusammenhang, ein wenig über dieses Gesetz nachzusinnen. Zunächst einmal mag das Wort «Heil» auffallen. Ertastet man innerlich seine Bedeutungsnuancen, so tauchen Begriffe wie Wohlfahrt, seelischer Einklang, aber auch Vollendung auf; das Wort verweist offensichtlich auf ein Ziel, das leibliche, seelische und geistige Verhältnisse umfaßt.

Weiterhin zeigt sich das Gesetz als Bedingungsgesetz. Es wird nicht gefordert, man solle in einem bestimmten Sinne handeln. Vielmehr beschreibt das Gesetz die Umstände, unter denen das «Heil» einer Gesamtheit von zusammenarbeitenden Menschen realisiert werden kann; kehrt man diese Umstände um, so wird «Unheil» entstehen.

Was aber führt zum «Heil»? Rudolf Steiner erwähnt zwei Bedingungen. Erstens: Das Heil der Gesamtheit hängt von der Bereitschaft des einzelnen ab, von den Erträgnissen seiner Leistungen an seine Mitarbeiter abzugeben. Zweitens: Ob Heil entsteht, entscheidet sich an der Frage, inwieweit es gelingt, Leistung und Bedürfnisbefriedigung voneinander zu trennen.

Im Überdenken dieser Bedingungen entstehen weitere Fragen: Was ist mit «Erträgnissen» der eigenen Leistung gemeint? Was sind «Bedürfnisse»? Wie lassen sie sich artikulieren oder festlegen? Auch hier empfiehlt es sich, umfassend zu denken, um die Breite des Gesetzes auszuloten. Erträgnisse sind ganz allgemein Ergebnisse von Leistungen. Es können beispielsweise innerhalb einer Gruppe von zusammenarbeitenden Wissenschaftlern Forschungsresultate sein; das Gesetz formuliert dann den unmittelbar einleuchtenden Zusammenhang, daß es für die Gesamtheit heilsam ist, wenn der einzelne seine gewonnenen Erkenntnisse nicht für sich behält, sondern den anderen zur Verfügung stellt. Weiterhin lassen sich hergestellte Waren als Erträgnisse von Leistungen ansehen; das Gesetz spricht dann über die Vorteile eines arbeitsteiligen Wirtschaftens, denn selbstverständlich ist es günstiger für die Befriedigung von Bedürfnissen, wenn nicht jeder sich selbst versorgt, sondern die hergestellten Waren an die Allgemeinheit weiterleitet. Vor allem aber ist bei Erträgnissen an den Anteil zu denken, den der einzelne durch seine Leistung an der hergestellten Ware hat und der in Geldform als Einkommen an ihn zurückfließt.

Diesen Zusammenhang hat offensichtlich Rudolf Steiner zunächst im Blick, denn in dem Aufsatz, in dem er das Soziale Hauptgesetz ausführt, heißt es im Anschluß an das bisher Zitierte: «Worauf es also ankommt, das ist, daß für die Mitmenschen arbeiten und ein gewisses Einkommen zu erzielen zwei voneinander ganz getrennte Dinge seien.» [24] Mit einem solchen Satz ist die Dimension der sozialen Frage in ihrer Tiefe erfaßt, beinhaltet doch die Trennung von Arbeit und Einkommen einen Kampf gegen den Egoismus. Entsprechend führt Rudolf Steiner den Gedanken fort: «Nun kann es sich aber natürlich nicht bloß darum handeln, daß man ein solches Gesetz einsieht, sondern die wirkliche Praxis beginnt mit der Frage: Wie kann man es in die Wirklichkeit umsetzen? Es ist klar, daß dieses Gesetz nichts Geringeres besagt als dieses: Die Menschenwohlfahrt ist umso größer, je geringer der Egoismus ist.»[25]

Vertieft man sich in diese Aussage, so wird deutlich, daß die Realisierung des Sozialen Hauptgesetzes im Sinne des Anstrebens einer «heilsamen» Praxis einen Bewußtseinswandel voraussetzt; er bezieht sich auf die Arbeitsmotivation: Der einzelne muß im «andern den Grund zu seiner Arbeit finden», und die Gesamtheit muß «von einem wirklichen Geiste erfüllt sein, an dem jeder Anteil nimmt», sie muß «eine geistige Mission»[26] haben. Eine solche Einsicht kann den Blick schärfen für die Komplexität der sozialen Problematik; das Ringen um gemeinsame Ziele ist keinesfalls, etwa im Sinne des Satzes: «Erst kommt das Fressen, dann die Moral», schmückendes, aber letztlich überflüssiges Beiwerk, sondern konstitutiv für die Lösung der sozialen Frage.

Die Ausführungen Rudolf Steiners zum Sozialen Hauptgesetz – das wird aufgrund der angeführten Zitate verständlich geworden sein – haben wegen ihres allgemeinen und fragmentarischen Charakters eine lebhafte Diskussion unter anthroposophisch orientierten Sozialwissenschaftlern ausgelöst.[27] Dabei wurde nicht nur die umfassende Geltung des Sozialen Hauptgesetzes herausgearbeitet, sondern es erwies sich auch als fruchtbar, die Realisierung des Gesetzes bis hinein in die weltwirtschaftlichen Verhältnisse zu durchdenken. Vor allem aber – und das ist für unseren Zusammenhang entscheidend – können die Ausführungen Steiners als Herausforderung an anthroposophisch orientierte Menschengemeinschaften verstanden werden, Pioniere einer sozialen Neugestaltung zu sein, eine Herausforderung, die sich an Waldorfschulen besonders für die Gesamtheit der dort zusammenarbeitenden Menschen, d. h. für das Kollegium, stellt. Es ist gegenwärtig keinesfalls mehr selbstverständlich, daß diese Herausforderung wirklich ergriffen wird. An manchen Schulen verknüpft man die Höhe des Unterrichtsauftrags unmittelbar mit dem Einkommen: Wer bei einem durchschnittlichen Deputat von 22 Stunden nur 18 unterrichtet, erhält 18/22 des normalen Gehalts. In anderen Kollegien wird die Frage diskutiert, ob nicht Oberstufenlehrer aufgrund ihres längeren Studiums ein höheres Einkommen beziehen sollten als etwa Klas-

senlehrer. Wieder andere überlegen, die Übernahme von Selbstver-
waltungsaufgaben gesondert finanziell zu honorieren. So verständlich
solche Gedanken und Praktiken sind, so eindeutig erscheint, daß hier
– um mit den Worten des Apokalyptikers zu sprechen – das Feuer der
ersten Liebe verloren gegangen ist; die Suche nach Solidarität ist der
pragmatischen Anpassung an kapitalistische Lebensgewohnheiten ge-
wichen.

Allerdings ist die erfreuliche Tatsache nicht zu übersehen, daß in
zahlreichen Waldorfschulen und heilpädagogischen Einrichtungen
ernsthaft an der Realisierung des «Heils» im Sinne des Sozialen
Hauptgesetzes gearbeitet wird. Im wesentlichen sind dabei in bezug
auf die Einkommensbildung der Lehrerschaft drei Modelle entwickelt
worden:

Erstens: Alle Mitarbeitenden, ob Oberstufenlehrer, Klassenlehrer
oder Hausmeister, erhalten ein gleiches Grundgehalt und darüber hinaus Zusatzzahlungen, deren Höhe sich nach der Anzahl der zu versor-
genden Personen – etwa dem nichtverdienenden Ehepartner und den
Kindern – richtet.

Zweitens: Die Überschüsse der Schule oder eines heilpädagogischen Heimes fließen auf ein gemeinsames Konto; jeder Mitarbeiter
hat das Recht, seinen Bedürfnissen und denen seiner Familie entsprechend, Beträge von diesem Konto frei abzubuchen. Dabei wird er lau-
fend durch Kontoauszüge über die Höhe der jeweils zur Verfügung
stehenden Gesamtsumme informiert.

Drittens: In intensiven Gesprächen informieren sich die Mitarbeiter
über ihre jeweilige Bedürfnislage, anschließend wird jedem von ihnen
ganz individuell von den übrigen ein bestimmtes Einkommen «zugesprochen».

Welches dieser Modelle erscheint am ehesten geeignet, zu einem heilsamen Miteinander zu führen? Wenn es auch den Rahmen dieser
Schrift sprengen würde, auf die Erfahrungen hinzublicken, die mit diesen Formen oder verschiedenen Varianten gemacht worden sind, so
seien doch einige grundsätzliche Überlegungen angestellt. Das erste
Modell – gleiches Grundgehalt und Zusatzzahlungen – eignet sich
aufgrund der einfachen und überschaubaren Handhabung vor allem

für große Gruppen, deren Mitglieder weder die Zeit noch die Kraft aufbringen können, sich mit den individuellen Bedarfslagen der Mitarbeitenden zu beschäftigen. Allerdings enthält es die Gefahr einer bürokratischen Verzerrung: Vielfach schwindet allzu schnell das Bewußtsein, daß nicht im Sinne eines Tariflohnes die eigene Arbeit bezahlt wird, sondern daß ein Teilen der gemeinsam erwirtschafteten Erträgnisse erfolgt. Von daher ist es unerläßlich, sich in regelmäßigen Abständen in einer gemeinsamen Konferenzarbeit über den ideellen Hintergrund der Regelung zu verständigen, Erfahrungen auszutauschen und gegebenenfalls einen neuen Verteilungsschlüssel festzulegen, der den Bedarfslagen der Alleinstehenden oder Verheirateten, der Familien mit wenigen oder derer mit vielen Kindern eher entspricht.

Weitergehend im Sozialen erscheint das zweite Modell: Einkommensbezug durch Abbuchen von einem gemeinsamen Konto. Gegenüber einer solchen Möglichkeit stellt sich gelegentlich bei einem ersten Kennenlernen eine gewisse Euphorie ein: Die Realisierung bisher unerfüllbarer Wünsche scheint in greifbare Nähe zu rücken. Die realen Erfordernisse deuten allerdings in eine andere Richtung. Soll das Verfahren funktionieren, so setzt das eigene Nehmen den Blick auf den Bedarf der anderen voraus, jedes Abbuchen verlangt, das Bewußtsein auf das jeweilige Verhältnis der vorhandenen Erträgnisse und der Lebenslagen der Mitarbeiter und ihrer Angehörigen auszuweiten. Von daher eignet sich das Modell nur für kleinere Gruppen, welche die Bereitschaft mitbringen, sich intensiv über ihre jeweiligen Lebensverhältnisse auszutauschen.

Das Wissen darum, daß der einzelne nicht einfach zugreifen kann, ohne den Bedarf der übrigen zu berücksichtigen, lebt am deutlichsten im dritten Modell: dem «Zusprechverfahren». Auch dieses Verfahren eignet sich nur für kleinere Gruppen, setzt es doch ein hohes Maß an wechselseitigem Interesse und Vertrauen voraus. Allerdings bietet es die Möglichkeit, stark altruistisch eingestellte Persönlichkeiten, die Scheu haben, etwas für sich zu beanspruchen, zu einer besonderen Ausgabe: einer Anschaffung, einer Ferienreise, zu ermutigen. Gerade in einem solchen Zusammenhang ist sozialer Takt und Fingerspitzengefühl entscheidend: Das Bemühen um das Soziale findet seine Grenze am Freiheitsraum der Individualität.

Wenn mit diesen Andeutungen auf bestimmte Konkretionen hingeblickt worden ist, die sich aus der Beschäftigung mit dem Sozialen Hauptgesetz ergeben, so bedeutet das weder eine erschöpfende Behandlung dieser Problematik noch soll bezweckt werden, die Schulen auf bestimmte Verfahren festzulegen. Denn wesentlicher als das Installieren von Gewohnheiten ist, daß immer wieder neu um die Gesinnung gerungen wird, die Liebe nicht als hohes ethisches Ideal zu predigen, sondern bis in die wirtschaftliche Praxis hinein zu leben.

Wege gegenseitiger Solidarität bis in die weltwirtschaftlichen Verhältnisse hinein zu finden, erscheint heute als Zeitaufgabe; die Schulbewegung sollte die Herausforderung ergreifen, in der Einkommensgestaltung in den einzelnen Schulen, aber auch in der wechselseitigen Unterstützung innerhalb der internationalen Schulbewegung, Modelle einer solchen Solidarität zu entwickeln. Christliche Spiritualität – darin stimmt Rudolf Steiner mit der Aussage des Apokalyptikers überein – ist nicht mit einer weltflüchtigen Grundhaltung zu verwechseln, sondern hat ihre Kraft in der Umgestaltung aller Lebensverhältnisse zu erweisen.

Vom Soziologischen Grundgesetz und der Zusammenarbeit im Geistesleben

Doch wird in den apokalyptischen Briefen nicht nur auf die Gefahr einer spiritualistischen Orientierung hingeblickt, sondern ebenso auf die polar entgegengesetzte des Materialismus. Auch diese Einseitigkeit, ohnehin eine Zeittendenz, läßt sich in schulischen Zusammenhängen entdecken, sie verbirgt sich zumeist unter dem Mantel der Anschauung, das Beste sei für unsere Kinder gerade gut genug.

Das Beste – das mag sein: das aufwendigste Schulgebäude, die teuersten Malstifte, die weiteste Klassenfahrt, die höchsten Kuchenteller bei Klassenfesten. Wohlgemerkt: Nicht das Bemühen um eine schöne, künstlerisch gestaltete Umgebung für das Kind soll irgendwie kritisiert werden, sondern die Entleerung der Formen, das unterschwellig wirkende Gefühl, das Organisieren der äußeren Bedingungen des Unternehmens Schule sei das Entscheidende. Dabei liegt der eigentliche

Reichtum niemals im Äußeren, Erziehung und Unterricht sind ein genuin geistiger Prozeß; durch Kreativität und Ideen sind die bestehenden Formen immer neu mit Leben zu füllen. Als Korrektiv gegen die materialistische Bedrohung erweist sich ein lebendiges, sich immer wieder erneuerndes Geistesleben, das aus der Quelle freier, individueller Initiative gespeist wird. Auch in bezug auf diese Funktion des sozialen Lebens hat Rudolf Steiner ein Gesetz formuliert, das «Soziologische Grundgesetz». Es lautet:

«Die Menschheit strebt im Anfange der Kulturzustände nach Entstehung sozialer Verbände; dem Interesse dieser Verbände wird zunächst das Interesse des Individuums geopfert; die weitere Entwicklung führt zur Befreiung des Individuums von dem Interesse der Verbände und zur freien Entfaltung der Bedürfnisse und Kräfte des einzelnen.» [28]

War das Soziale Hauptgesetz ein Bedingungsgesetz, so beschreibt das Soziologische Grundgesetz eine historische Entwicklung: die allmähliche Emanzipation des Individuums von den Tabus und Normen der Stammesverbände und Sippen, der Volks- und Familienzusammenhänge. Vor allem in den revolutionären Geschehnissen der Neuzeit sind für den einzelnen die individuellen Freiheitsräume der Glaubens-, Meinungs- und Gewissensfreiheit erobert worden. Rudolf Steiner bewertet diesen Prozeß der Befreiung des Individuums uneingeschränkt positiv und folgert aus ihm, der Staat solle zukünftig nicht mehr sein Herrschaftsprinzip betonen, sondern «sich so einrichten, daß der einzelne in größtmöglicher Weise zur Geltung kommt» [29]. Die gesellschaftlichen Konsequenzen sind mit der Begründung der Waldorfschule gezogen worden: Als staatsunabhängige, freie Schule garantiert die Waldorfschule den Freiheitsraum der Lehrenden; in relativer Unabhängigkeit von staatlicher Kultusbürokratie kann Schule autonom gestaltet werden. Dabei erweist sich dieser Freiraum als Herausforderung. Nur wenn durch Initiative und Sachkompetenz der offene Gestaltungsraum ständig neu erfüllt wird, kann das Unternehmen Schule gelingen. In diesem Zusammenhang stellt sich gegenwärtig besonders die Aufgabe, das Geistesleben einer Schule als Zusammenwirken von Lehrenden, Eltern und Schülerinnen und Schülern zu verstehen. Die Zeit, in der sich die Elternaktivität auf die drei großen «B»:

Backen, Blechen, Bazar beschränkte, geht ihrem Ende entgegen; gerade engagierte Eltern sehen sich mehr und mehr als Mitträger und Mitgestalter der Waldorfschule. Nun hängt eine fruchtbare Zusammenarbeit von Eltern und Lehrern zunächst einmal ab von den jeweiligen Gesinnungen; hier ist eine noch gelegentlich in der Lehrerschaft herrschende «Burgmentalität» zu durchbrechen, die sich aus der Überzeugung speist, allein die Lehrer seien als Träger des geistigen Lebens der Schule zu betrachten.

Demgegenüber hat schon Rudolf Steiner betont, es gehe nicht an, ein Autoritätsverhältnis der Lehrerschaft zu den Eltern aufzubauen; vielmehr sei ein partnerschaftliches geistiges Bemühen um ein gemeinsames Erziehungsideal anzustreben: «So möchten wir vor allem dasjenige Verhältnis der Schule zur Elternschaft herstellen, das nicht beruht auf Autoritätsglauben. Das hat keinen Wert für uns. Nur das hat Wert, was uns mit Verständnis, bis ins einzelne hinein, für unser Wollen entgegenkommt ...»[30] Damit ist für Eltern und Lehrer die große Aufgabe umrissen, in einer Atmosphäre wechselseitiger Lernbereitschaft gemeinsam an den Grundlagen anthroposophischer Pädagogik zu arbeiten. Eine schöpferische Phantasie wird eine Vielzahl von Möglichkeiten entdecken, wie sich dieses brüderliche Lernen gestalten kann, angefangen bei Elternabenden über pädagogische Wochenenden und Fortbildungskurse bis hin zu gelegentlichen gemeinsamen pädagogischen Konferenzen. Wichtig wird dabei sein, daß diese Veranstaltungen sich nicht in Lehrervorträgen erschöpfen, sondern genügend Raum bieten für gegenseitigen Austausch.

Die Möglichkeit schulischer Mitgestaltung sollte in stärkerem Maße auch den Schülerinnen und Schülern eingeräumt werden. Wenn durch das Unterrichtsgeschehen eine lebendige Kommunikation zwischen Lehrerschaft und Schülerschaft besteht, werden, etwa im Rahmen einer Schüler-Lehrer-Konferenz, viele fruchtbare Ideen für die Weiterentwicklung der Schulordnung und Schulkonzeption, für die Organisation von Praktika und Projekttagen, Jahresfesten und Monatsfeiern, gemeinsam gefunden werden können. Ein lebendiges Geistesleben bildet sich nicht nur durch individuelles Bemühen, sondern ist immer auch Frucht einer geistigen Begegnung.

Versuchen wir, die bisherigen Überlegungen zusammenzufassen:

Wie das Bemühen um ein brüderliches Wirtschaftsleben ein Korrektiv darstellt zu einem weltfernen Spiritualismus, so ist das Ringen um die Intensivierung des geistigen Lebens ein geeignetes Heilmittel gegenüber der Gefahr einer Erstarrung im Materialismus. Waldorfpädagogik – das rufen manche Schulinitiativen der Dritten Welt ins Gedächtnis – läßt sich auch in Baracken praktizieren.

Vom Urphänomen der Sozialwissenschaft und der Konferenzarbeit

Ein drittes Element des Sozialen bleibt zu betrachten: der Bereich der Verabredungen, Vereinbarungen und Entscheidungen, die Funktion des Rechtslebens. Vielfach konzentrieren sich die Diskussionen in diesem Zusammenhang auf die Frage, wer denn an einer Schule was und in welchem Gremium zu entscheiden habe. Sehr bald entstehen aus solch einer Blickrichtung Debatten über die optimale Organisationsstruktur und Schulverfassung. Zu bestimmten Zeitpunkten einer Schulbiographie sind Diskussionen über die angesprochene Thematik sicherlich wichtig und unausweichlich. Grundlegender aber scheint eine andere Problemstellung, bezieht sie sich doch auf die Atmosphäre, aus der eine sinnvolle Konstitution erst erfließen kann: Wie kommt man überhaupt in einer Gruppe zu Entscheidungen? Gibt es Wege sozialen Übens, die ein Entscheidungsgespräch nicht zu einem Hauen und Stechen, sondern zu einem fruchtbaren Prozeß werden lassen? Wie kann man sich zu einem Gesprächsniveau erheben, das der gestellten Aufgabe angemessen ist? Im Umgang mit solchen Fragen können wiederum Motive der Johannes-Apokalypse hilfreich sein; sie finden sich in der Abfolge des dritten, vierten und fünften Sendschreibens in den im vorangehenden Kapitel erläuterten Hinweisen auf die Notwendigkeit des Erwachens von einem empfindungshaften über ein interessengeleitet-verstandesmäßiges hin zu einem integrativen Bewußtsein, das sich in Erkenntnis und Liebe den objektiven Weltzusammenhängen öffnet. Was im Sozialen anzustreben ist, hat Rudolf Steiner bis in die Formulierung hinein ähnlich beschrieben wie der Apokalyptiker: Es geht um ein Erwachen zu einem höheren Bewußtsein, ein Erwachen «am Seelisch-Geistigen des anderen Menschen»[31]. Im folgenden sei versucht zu entwickeln, was dieses Erwachen im konkreten Schulzusammenhang bedeutet.

«Eine Konferenz ist eine Sitzung, bei der viele hineingehen und wenig herauskommt.» So wie der Schauspieler Werner Finck oder ähnlich mögen schon manche geseufzt haben, wenn sie nach langer und anstrengender Gesprächsrunde, sei es nach einer Bausitzung, einem Basarkreis oder nach der Lehrerkonferenz spät abends die Pforten einer Waldorfschule hinter sich geschlossen haben. Und doch ist deutlich, daß eine weder staatlich getragene noch direktorial geführte Schule auf das Gespräch der Beteiligten, der Eltern, Lehrer und Schüler, in höchstem Maße angewiesen ist.

Müssen wir uns also mit manchem Leerlauf in den vielfältigen Sitzungen und Konferenzen abfinden, bleibt uns nur die Erleichterung eines gelegentlichen Seufzers? Sicher nicht. Denn jeder hat wohl auch Momente in Besprechungen erlebt, welche Möglichkeiten eines sozialen Zusammenwirkens erahnen ließen, wie sie Goethe in seinem «Märchen von der grünen Schlange und der schönen Lilie» angedeutet hat: «Was ist herrlicher als Gold? fragte der König. – Das Licht, antwortete die Schlange. – Was ist erquicklicher als Licht? fragte jener. – Das Gespräch, antwortete diese.» Wie können wir im Alltag der Konferenzarbeit zu solchen Gipfelpunkten aufsteigen?

Die Erfahrung lehrt, daß das Gelingen eines Gesprächs zutiefst mit der Bewußtseinslage der Teilnehmer zusammenhängt. Soll ein Gespräch gelingen, so geht es zunächst darum, ein Sensorium für diese Bewußtseinslage auszubilden. Die drei von Steiner entwickelten Begriffe der Empfindungsseele, Verstandesseele und Bewußtseinsseele können dabei eine Hilfe sein; sie bezeichnen seelische Grundeinstellungen und entsprechen Haltungen, wie sie vom Apokalyptiker in den Gemeinden von Pergamon, Thyatira und Sardes kritisiert beziehungsweise gefordert werden.

In den antiken Hochkulturen Sumers, Babylons und Ägyptens, deren Einfluß besonders in der Gemeinde von Pergamon wirksam war, herrschte die Haltung der Empfindungsseele vor; dieses Weltverhältnis wird von Rudolf Steiner wie folgt beschrieben: «Man stelle sich den Menschen vor, wie er von allen Seiten Eindrücke empfängt. Man muß sich ihn zugleich nach allen Richtungen hin, woher er diese Eindrücke empfängt, als Quell der bezeichneten Tätigkeit denken. Nach allen Seiten hin antworten die Empfindungen auf die Eindrücke. Dieser Tätigkeitsquell soll Empfindungsseele heißen.»[32] Ausgangspunkt des seelischen Erlebens, so wird deutlich, ist auf dieser Stufe eine grenzenlose Offenheit für die Wahrnehmung der Außenwelt. An dieser Wahrnehmung entzündet sich nun unmittelbar die Empfindung, welche zwischen Lust und Unlust, Trieben, Instinkten und Leidenschaften in den verschiedensten Schattierungen spielen kann. Wesentlich ist, daß keine gedankliche Aktivität vorliegt, bestenfalls kommt es zu einem Benennen der Wahrnehmung. Wer der Frage nachgehen möchte, welche Symptome in den antiken Hochkulturen auf die Existenz einer solchen Seelenhaltung hindeuten, sei auf die Studien von Frank Teichmann verwiesen[33]; für unseren Zusammenhang ist die Feststellung wesentlicher, daß die Haltung der Empfindungsseele nicht nur eine historische Angelegenheit ist, sondern in jedem von uns lebt. Denn für wen wäre folgende Briefstelle des dreiundzwanzigjährigen Goethe seelisch nicht nachvollziehbar? «Gestern nacht geschwärmt, heute früh von Projekten aus dem Bett gepeitscht. Oh, es sieht in meinem Kopf aus wie in meiner Stube, ich kann nicht einmal ein Stückchen Papier finden als dieses blaue. Doch alles Papier ist gut, Ihnen zu sagen, daß ich Sie liebe.»[34]

Es mag gestattet sein, die Selbstbeobachtung auf das Verhalten im Konferenz- und Sitzungsgespräch auszudehnen. Gibt es dort nicht innere Monologe, die niemals ausgesprochen werden, aber etwa so lauten: «O Schreck, jetzt meldet der sich schon wieder!» oder: «Na, jetzt ist's ihm aber mal richtig gezeigt worden!», oder auch: «Schon wieder soll besprochen werden, wie das Herbstfest zu gestalten ist? Das machen wir eben genauso wie bisher!» Wenn es solche inneren Monologe gibt, sind sie Ausdruck einer Empfindungsseelen-Haltung: spontan gefühlsmäßiges Reagieren auf einen Reiz der Außenwelt oder einfaches Benennen des Problems, für dessen Lösung schon längst ein Rezept vorliegt. Gehen wir noch weiter. Was für ein Leben wird sich entfalten in Gruppen, in denen die oben skizzierte Einstellung vorherrscht? Es wird sein wie bei manchen Kuren: ein schneller Wechsel von heißen und kalten Güssen, von überschwenglichster Übereinstimmung und erbittertstem Streit. Wenn aber das Pendel zu sehr in Richtung des Chaotischen ausschlägt, setzt sich oft die Gegentendenz durch: Einige fortgeschrittene Persönlichkeiten ergreifen die Initiative, die Gruppe wird durch Autorität geführt. Wie heißt es in den altägyptischen Weisheitslehren? «Wenn du sitzest, wo der Tisch eines Höheren steht, so nimm, wenn er gibt, das, was vor dich gelegt wird ... Dein Gesicht halte gesenkt, bis er dich begrüßt, und rede erst, nachdem er dich begrüßt hat. Lache, wenn er lacht, denn das wird seinem Herzen sehr wohltun, und das, was du tust, wird ihm dann angenehm sein.»[35] Ist uns als Konferenz- und Sitzungsteilnehmern eine solche Einstellung gänzlich unbekannt? Eines bleibt jedenfalls festzuhalten: Empfindungsseelen-Gemeinschaften sind stets in Gefahr, unter die Herrschaft unbewußter Gefühlsschwankungen oder unter die straffe Leitung einzelner Autoritäten zu geraten. Es erscheint notwendig, sich zu einem anderen Bewußtsein zu erheben und eine stärkere gedankliche Aktivität zu entfalten.

Diese Haltung, die für die Gemeinde von Thyatira bestimmend war, wird von Rudolf Steiner als Verstandesseele folgendermaßen beschrieben: «Auch seinen Trieben, Instinkten und Leidenschaften folgt der Mensch nicht blindlings; sein Nachdenken führt die Gelegenheit herbei, durch die er sie befriedigen kann. Was man materielle Kultur nennt, bewegt sich durchaus in dieser Richtung. Sie besteht in den Diensten, die das Denken der Empfindungsseele leistet ... Als Verstandesseele sei diese vom Denken bediente Seele bezeichnet. Man könnte sie auch die Gemütsseele oder das Gemüt nennen.»[36]

Die Entstehung der Verstandes- oder Gemütsseele vollzieht sich in einer anderen Schicht als die der Empfindungsseele. Denken und Gemüt wirken dauerhafter als die rasch sich wandelnden Empfindungen, sie setzen zudem eine Verinnerlichung und eine wachere Ich-Aktivität voraus. Dabei weist die Bezeichnung Verstandes- oder Gemütsseele, die Rudolf Steiner im allgemeinen zur Charakterisierung dieses Seelengliedes verwendet, darauf hin, daß die Ich-Tätigkeit zwischen einem eher intellektuellen und einem eher gemüthaften Pol pendeln kann. Ein Zug vor allem kennzeichnet die rein verstandesmäßige Aktivität: die Abstraktion. Von der Mannigfaltigkeit des Phänomens wird abgesehen; das Interesse wird auf einen Teilaspekt gerichtet, der gedanklich scharf erfaßt und nach den Regeln der Logik durchleuchtet wird. Das Denken distanziert sich vom einzelnen Phänomen, macht es aber damit gleichzeitig verfügbar. Die Stärke wie auch die Einseitigkeit dieses intellektuell-logischen Zugriffs wird deutlich: Er ermöglicht es, die Welt in den Dienst des Menschen zu stellen, legt aber gleichzeitig den Ring des Nützlichkeitsdenkens um das erkennende Ich.

Der gemüthafte Zugang zur Wirklichkeit kann helfen, diesen Ring aufzusprengen. Im Nachsinnen über die Wahrnehmung werde ich spüren, daß mir auch die Empfindungen, die beim Betrachten eines Phänomens aufsteigen, etwas über die Außenwelt sagen können, wenn ich sie festhalte, vertiefe und kläre. Ich kann so lernen, die Begrenztheit des intellektuellen Standpunktes zu überwinden und mich immer wieder neu der Mannigfaltigkeit der Wahrnehmungen zu stellen. In dieser Öffnung zu erweiterten Aspekten und Fragestellungen deutet die Gemütsseele über sich selbst hinaus, sie weist hin auf eine Erkenntnisform, welche das Phänomen in umfassender Weise im Bewußtsein aufleuchten läßt. In diesem Sinn formuliert Rudolf Steiner an anderer Stelle, die Wahrheit sei eine Erzieherin der Verstandes- oder Gemütsseele.[37]

Ausgebildet wurde dieses Seelenglied in der griechischen und römischen Kultur[38] sowie – in gemüthafter Verinnerlichung – in Philosophie und Theologie des Mittelalters, doch wirkt es heute noch nach; wir werden besonders seinen verstandesmäßigen Pol in weiten Bereichen moderner Naturwissenschaft und Verwaltung entdecken können, ihn aber auch mühelos in uns selbst auffinden. Er verbindet sich gern mit dem Hang, Dinge und Menschen zu klassifizieren, um über sie verfügen zu können. Daß die Verstandes- oder Gemütsseele gewöhnlich auftritt, wenn die Altersstufe des «Sturm und Drang» vorüber ist, kann folgender Ausschnitt aus einem Brief Goethes verdeutlichen, den er mit 32 Jahren geschrieben hat: «Halte künftig meine Briefe in Ordnung und laß' sie lieber heften, wie ich mit den Deinigen auch tun werde, denn die Zeit vergeht, und das wenige, was uns übrig bleibt, wollen wir durch Ordnung, Bestimmtheit und Gewißheit in sich selber vermehren.»[39]

Wie nun wirkt die Tätigkeit der Verstandes- oder Gemütsseele in der Konferenzarbeit? Ihre gedankliche Strenge, die Klarheit der logischen Argumentation, das Verweilen beim Gegenstand erscheint zunächst wohltuend gegenüber den Gefühlsschwankungen der Empfindungsseele. Sachliche Nüchternheit bestimmt die Atmosphäre, manche Fragen lassen sich auf dieser Ebene lösen. Gerade aber, wenn sich bei schwierigen Problemen unterschiedliche Anschauungen herausbilden, kann sie in eine gefährliche Verengung führen. Denn es gibt Fälle, bei denen die Argumentation trotz schärfster Logik nur scheinbar sachlich ist, in Wirklichkeit jedoch von rein subjektiven Wünschen geleitet wird. Ein innerer Monolog mag in diesem Zusammenhang für viele stehen: «Diesmal lasse ich mich nicht überrumpeln! Wofür habe ich denn das Denken gelernt? Alle meine Argumente habe ich sauber aufgelistet, die sind nicht zu widerlegen.» Findet sich eine solche Einstellung bei mehreren Gruppenmitgliedern, so wird das Gespräch bald die Form einer Debatte annehmen; es werden sich Fraktionen herausbilden, die in ein Wortgefecht eintreten nach dem Muster, das Seneca einmal so ironisiert hat: «Fremde Fehler haben wir vor Augen, unsere liegen uns im Rücken.»[40] Die allgemeine Politisierung der Atmosphäre kann darin zum Ausdruck kommen, daß die Entscheidung schließlich nach einer Abstimmung durch Mehrheitsbeschluß, also auf demokratische Weise, getroffen wird.

Gerade ein eher gemüthaft eingestelltes Gruppenmitglied wird mit Recht Zweifel haben, ob solch ein Verfahren wirklich sachgemäß ist. Hat die Brillanz der Argumentation nicht verschleiert, daß das Denken hier nur die Rolle einer «Magd der Empfindungsseele» gespielt hat? Sind nicht abweichende Auffassungen einfach übergangen worden, weil sie weniger geschickt formuliert waren? Darf man es der überstimmten Minderheit zumuten, in Zukunft die Folgen einer Entscheidung mitzutragen, mit der sie sich nicht identifizieren kann? Nur wenn solche Fragen, ausgesprochen und unausgesprochen, im Konferenz- oder Sitzungskreis leben, wird es möglich sein, die Gefahr einer einseitigen Verstandesseelen-Orientierung zu vermeiden, Verhärtungen aufzubrechen, Offenheit für neue Anregungen herzustellen und das Gespräch auf eine umfassendere Bewußtseinsstufe zu heben.

Bei dieser Haltung geht es um das zentrale Motiv des «Erwachens», es gilt, sich der Begrenztheit einer emotionalen wie auch einer intellektuell-interessegeleiteten Einstellung bewußt zu werden und eine Gedankentätigkeit zu entwickeln, die sich unvoreingenommen tastend den Welterscheinungen nähert, indem sie sich mit einem Fühlen verbindet, welches sich zum Erkenntnisorgan herangebildet hat. Das Seelenglied, das sich in solcher Weise im Erkenntnisstreben öffnet, nennt Rudolf Steiner Bewußtseinsseele: «Die Bewußtseinsseele berührt die von jeder Antipathie und Sympathie unabhängige, durch sich selbst bestehende Wahrheit.»[41]

Ausgangspunkt dieser Seelenhaltung ist, wie auf der Stufe der Empfindungsseele, eine uneingeschränkte Offenheit für das Phänomen; an die Wahrnehmung schließt sich sodann, wie auf der Stufe der Verstandesseele, eine gedankliche Aktivität an, eine Gedankentätigkeit allerdings – und da liegt die entscheidende Differenz –, die sich zum Erleben des Wesenhaften steigert. Wie schwer das Spezifische der Bewußtseinsseele einerseits zu verstehen, andererseits zu formulieren ist, wird an der berühmten Auseinandersetzung Schillers und Goethes über die Urpflanze deutlich, als Goethe auf den Einwand Schillers, dabei handle es sich nicht um eine Erfahrung, sondern um eine Idee, entschieden antwortet: «Das kann mir sehr lieb sein, daß ich Ideen habe, ohne es zu wissen, und sie sogar mit Augen sehe.» Eines wird klar: Die Bewußtseinsseelen-Erkenntnis ist eine erste Form übersinnlicher Erkenntnis, welche durch geistige Schulung zu entwickeln ist.

Wenn es schon schwerfällt, in der Lebenswirklichkeit eindeutig anzugeben, wo eine solche Aktivität vorliegt, so kann es nicht verwundern, daß wir angesichts der Frage, welche Sozialform denn in Gruppen entsteht, in welchen das Bewußtseinsseelen-Element gepflegt wird, ins Stocken geraten. Und unsere Ratlosigkeit mag sich in Bestürzung verwandeln, wenn wir dann auf den Hinweis Rudolf Steiners stoßen, die Bewußtseinsseele sei antisozial: «Wir haben aber in diesem Sich-Eingliedern der Bewußtseinsseele in die menschliche Natur einen im eminentesten Sinne antisozialen Trieb zu erkennen.»[42] Mit dieser Feststellung ist ein Schlüssel für das Verständnis der eingangs erwähnten antisozialen Tendenzen der Gegenwart gegeben; es gilt nun, diesen Schlüssel in eigenem Erkenntnisbemühen zu gebrauchen.

Einen Grund für die antisozialen Kräfte der Bewußtseinsseele können wir uns schon durch das bisher Gesagte verdeutlichen: Menschen, die sich auf der Ebene der Empfindungs- und Verstandesseele verständigen, gehen – unbeschadet aller Spannungen und Konflikte im einzelnen – doch von Gemeinsamkeiten aus: einerseits von ihren Empfindungen, andererseits von ihren Interessen. Gerade diese unbewußten Voraussetzungen aber werden auf der Stufe der Bewußtseinsseele als subjektive Hemmnisse entlarvt, die im Erkenntnisprozeß zu überwinden sind. Mit einer solchen Reflexion auf die eigenen Erkenntnisvoraussetzungen wird jeder Mensch auf sich selbst zurückgeworfen, er wird «viel mehr ein einzelnes Individuum, ein Einsiedler, der durch die Welt wandelt, als er es war durch die Verstandes- oder Gemütsseele» [43]. Die wahre Dimension der antisozialen Kräfte, die bei der Ausbildung der Bewußtseinsseele auftreten, wird sich jedoch erst dem erschließen, der sich auf eine ernsthafte Selbstbeobachtung einläßt. Diese Anstrengung hat Rudolf Steiner als eine soziale Grundforderung betrachtet, er hat sich in den Vorträgen vom 6., 7. und 12. Dezember 1918 ausführlich mit ihr auseinandergesetzt. [44]

Eine einfache Erfahrung, die wohl jeder schon einmal gemacht hat, mag uns anregen, auf einige normalerweise unbewußt ablaufende Prozesse des Seelenlebens aufmerksam zu werden: Wir nehmen an einem Gespräch teil und hören unserem Gegenüber scheinbar aufmerksam zu. Plötzlich überraschen wir uns selbst bei der instinktiven Tendenz, schon im Zuhören die eigene Argumentation aufzubauen. Es bedarf einer bewußten Anstrengung, die gedankliche Aktivität ganz auf das reine Aufnehmen des Gesagten zu konzentrieren. Offensichtlich wehren wir uns im Unterbewußten gegen ein völliges Hingeben an das Gedankenleben des anderen, weil wir Eigendenker sein wollen. Rudolf Steiner bezeichnet diesen Tatbestand, «um im Goetheschen Sinne zu sprechen», geradezu als «Urphänomen der Sozialwissenschaft» [45]; er formuliert damit, neben dem Sozialen Hauptgesetz und dem Soziologischen Grundgesetz, ein drittes Gesetz des sozialen Lebens: «Indem Sie als ein vorstellender, denkender Menschen einem andern gegenüberstehen, liegt das Eigentümliche vor, daß einfach durch das gegenseitige Verhältnis, das sich zwischen Mensch und Mensch bildet, in Ihrem Unterbewußtsein das Streben vorhanden ist, durch den andern

Menschen eingeschläfert zu werden ... Jetzt müssen Sie, wenn Sie ein denkender Mensch bleiben wollen, sich innerlich dagegen wehren. Sie müssen Ihr Denken aktivieren. Sie müssen zur Abwehr übergehen gegen das Einschlafen ... Das kommt zwar nicht in das gewöhnliche Bewußtsein herauf, wirkt aber im Menschen als antisozialer Impuls. Gewissermaßen tritt uns jeder Mensch als ein Feind unseres Vorstellens, als ein Feind unseres Denkens entgegen. Wir müssen unser Denken schützen gegen den anderen. Das bedingt, daß wir in bezug auf das Vorstellen, auf das Denken im hohen Grade antisoziale Wesen sind und uns zu sozialen Wesen überhaupt nur erziehen können.»[46]

Wie aber steht es mit dem Fühlen? Leben wir im Fühlen, gerade mit den Regungen der Sympathie, des Wohlwollens, des Mitleids nicht in einem eminent sozialen, verbindenden Element? Eine genauere Beobachtung zeigt, daß es so einfach nicht ist. Denn wir fühlen ja nicht nur, sondern wir empfinden auch, daß wir fühlen. In jedem Gefühl schwingt unser Selbstgefühl mit – gerade in Gefühlen für einen anderen Menschen. Wir finden an ihm sympathisch, was wir selbst anstreben, antipathisch, was wir in uns bekämpfen. So verfälschen wir zunächst das Bild des Mitmenschen, indem wir uns selbst in ihm spiegeln. Rudolf Steiner schildert diesen Vorgang so:

«Die erste Neigung im Unterbewußtsein des Menschen im Verkehr von Mensch zu Mensch besteht immer darin, daß uns von dem anderen Menschen im Unterbewußtsein eine gefälschte Empfindung auftaucht, und wir müssen im Leben immer erst diese gefälschte Empfindung bekämpfen. Der Lebenskenner wird sehr leicht bemerken, daß Menschen, die nicht geneigt sind, interessevoll auf andere Menschen einzugehen, eigentlich fast über alle Menschen schimpfen, wenigstens nach einiger Zeit. Das ist ja eine Eigentümlichkeit einer großen Anzahl von Menschen. Man liebt den einen oder den anderen Menschen eine Zeitlang; aber wenn diese Zeit vergangen ist, dann regt sich so etwas in der menschlichen Natur, und man fängt an, auf den anderen irgendwie zu schimpfen, irgend etwas gegen ihn zu haben. Man weiß oftmals selbst nicht, was man gegen ihn hat, denn diese Dinge spielen sich ja sehr im Unterbewußtsein ab. Das rührt einfach davon her, daß das Unterbewußtsein die Tendenz hat, das Bild, das wir uns von dem anderen Menschen machen, eigentlich zu verfälschen.»[47]

Geht das getrübte Fühlen nun über in den Willen, so zeigt sich ein erschütterndes Paradoxon: Gerade die Taten scheinbarer Nächstenliebe können Zeugnis höchsten Selbstgenusses sein. Man liebt dann nicht in Wirklichkeit den anderen Menschen, «sondern man liebt das Verbundensein mit dem anderen Menschen in der eigenen Seele ... Man liebt im ganzen sich selber, indem man diese Selbstliebe in dem Verkehre mit dem andern entzündet»[48]. Eben diese antisoziale Haltung, die sich etwa hinter Werken offenbaren Mitleids verbergen kann, hat Friedrich Nietzsche angeprangert, indem er Zarathustra die Worte sagen läßt: «Wahrlich, ich mag sie nicht, die Barmherzigen, die selig sind in ihrem Mitleiden; zu sehr gebricht es ihnen an Scham.»[49]

Fassen wir nun das Ergebnis der seelischen Beobachtung zusammen, so werden wir zu dem trockenen Eingeständnis genötigt, daß wir gerade als strebende Menschen zunächst notwendig antisoziale Wesen sind. Je stärker wir ein eigenständiges Denken, Fühlen und Wollen entwickeln – das eben ist unsere Aufgabe im Zeitalter der Bewußtseinsseele –, um so stärker werden die Kräfte der Selbstbehauptung, des Selbsterlebens, des Sich-selbst-Wollens in uns wirken.

Mit dieser Einsicht ist ein erstes wichtiges Ergebnis für die Arbeit in Gruppen erreicht: Es ist keine Katastrophe, wenn es zu Krisen und Krächen kommt. Könnte nicht gerade eine harte Auseinandersetzung Symptom sein für das Erwachen der Bewußtseinsseele? Jedenfalls erscheint das Aufeinanderprallen von starken Individualitäten, wenn es in echtem Erkenntnisringen geschieht, erstrebenswerter als ein empfindungsseelenhaftes Ducken unter Autoritäten oder ein verstandesseelenhaftes Eingliedern in die Fraktionsdisziplin.

Dennoch können wir bei diesem Ergebnis nicht stehenbleiben, denn «kostbarer als Gold» und «erquicklicher als das Licht» sind Krisensitzungen ja sicher nicht. Wir müssen noch die entscheidende Frage aufwerfen: Gibt es einen sozialen Ansatz auf der Ebene der Bewußtseinsseele? Rudolf Steiner läßt keinen Zweifel daran, daß es diesen Ansatz gibt, und zwar im Denken, Fühlen und Wollen, allerdings unter einer Voraussetzung: Wir müssen den oben eingeschlagenen Weg der Selbstbesinnung gegangen sein, wir müssen wissen, daß wir nicht soziale Menschen sind, sondern es höchstens werden können. Es ist notwendig, das Gewicht dieser Aussage einen Moment auf sich wirken zu lassen, wenn man nicht in Gefahr geraten will, die folgenden Lösungsansätze als zu schlicht voreilig beiseite zu schieben. Nicht intellektuelles Verstehen fordern sie, sondern gründliches Üben, als Hinweise für eine Schulung auf dem Gebiet des Sozialen gewinnen sie ihren Wert.

Wie kann sich diese Schulung im Bereich des Denkens vollziehen, ohne daß wir gezwungen werden, die Eigenständigkeit eines klaren Bewußtseins aufzugeben? Wir haben einerseits die Möglichkeit, immer wieder die Anstrengung eines echten Hinhörens zu unternehmen, bevor wir unsere eigene Argumentation entwickeln. Andererseits können wir versuchen, nicht nur auf die Gedanken des anderen zu achten, sondern auch seine soziale Bedeutung für uns zu erfassen. Gerade im Zusammenhang einer Schule sind wir mit dem anderen durch eine Fülle von Beziehungen verbunden, die wir uns immer wieder in aller Ruhe klarmachen können. Welche Erziehungsarbeit ist schon von den Eltern geleistet worden, so daß ich als Lehrer an Vorhandenes anknüpfen kann? Welche Grundlagen hat ein Kollege durch seine fachliche Meisterschaft bei den Schülern gelegt, ohne die ich mein eigenes Fach gar nicht unterrichten könnte? Welche Anstrengungen hat mir ein Elternvertreter abgenommen, indem er sich im Vorstand engagiert? Je intensiver wir das soziale Gewebe, das uns trägt, erleben lernen, umso mehr wird das Gefühl der Dankbarkeit in uns wachsen, umso eher wird eine Gemeinschaft entstehen, welche auch harte Auseinandersetzungen verkraften kann.

Auch das Fühlen bietet Ansatzpunkte zum Erüben sozialen Verhaltens. Dabei kommt es darauf an, daß wir versuchen, das Bild des anderen, das sich uns im Unterbewußtsein fixiert, unter allen Umständen irgendwie zu korrigieren, vielleicht durch Kleinigkeiten. Nicht stehenbleiben dürfen wir bei einem: «Na typisch, so ist er eben», sondern es gilt vorzudringen zu der Frage: «Wie hat er sich verändert?» So sind wir aufgerufen, uns Bilder des anderen bewußt zu schaffen, aber eben bewegliche Bilder. Angesichts des Problems, wie wir solche bilderschaffende Fähigkeiten entfalten können, werden wir von Rudolf Steiner auf ein Doppeltes hingewiesen: Voraussetzung dieser Kraft ist ein echtes Interesse am Mitmenschen, an seinen Lebensbedingungen, seiner Arbeit, seinen Intentionen, Bedingung ihres Wachsens die Übung der selbstlosen Rückschau. Wenn wir das Bild der Menschen innerlich nachschaffen lernen, welche unseren eigenen Lebensweg begleitet haben, erwerben wir uns «die Fähigkeit, daß uns wirklich Bilder aus dem Menschen entgegentreten, dem wir begegnen»[50]. Ein soziales Fühlen gegenüber dem Mitmenschen wird sich letztlich nur erreichen lassen, wenn wir bereit sind, ihn aufzunehmen in unser meditatives Leben, ihn in uns erstehen zu lassen als werdendes Wesen im Lichte seiner eigenen Lebensziele und Ideale.

Hier liegt auch der Ansatz für eine echte Willensbegegnung. Wir sollten uns hüten, in die tiefsten Impulse des anderen, die erst allmählich aus dem Unbewußten seines Wesens aufsteigen, mit unseren eigenen Egoismen einzugreifen. Indem wir den Ich- und Willensbereich, den Jean Paul «das verhangene Allerheiligste» im Menschen nennt, absolut respektieren, können wir den Raum schaffen, in welchem der andere sich entfalten kann. Eines aber ist erlaubt und hilfreich: Wir dürfen fragen. Wir dürfen so fragen, daß sich die oft noch verdunkelten Willensimpulse unseres Mitmenschen allmählich klären können. Denn nur wenn wir liebevoll herauszufinden versuchen, was der andere eigentlich will, können wir ihm gegenüber wirklich selbstlos und freilassend handeln.

Tasten wir uns vor zum Beschreiben der geistigen Atmosphäre in einer Gemeinschaft, die in solcher Weise sozial übt, so können wir andeutend soviel sagen: Die Qualitäten der Empfindungs- und der Verstandes- oder Gemütsseele werden in ihr «aufgehoben» sein im Hegelschen Sinne, überwunden und doch vorhanden, nämlich gesteigert in ihren positiven Möglichkeiten. Leben wird in einer solchen Gruppe die Offenheit einer vertieften Empfindungsseele, ihre Bereitschaft, immer neue Gesichtspunkte in Anwendung zu bringen, ihre Beweglichkeit, welche für ein unbefangenes Betrachten aller auftretenden Probleme unabdingbar ist. Doch benötigt diese Haltung als Widerlager die Verinnerlichung einer spiritualisierten Verstandes- oder Gemütsseele. Klares Denken, sachliches Überprüfen der Aussagen, aber auch ruhiges Besinnen auf die Gefühlsgrundlagen der Urteile werden schützen vor der Gefahr des Schwärmens und dazu beitragen, das soziale Wirken in richtiger Weise in das gesellschaftliche Umfeld einzugliedern.

Das Ergreifen der Bewußtseinsseele erweist sich als eine Fähigkeit der Mitte, getragen von verwandelten Empfindungs-, Gemüts- und Denkkräften. Wenn ein Problem im Gesprächskreis von den verschiedensten Aspekten aus beleuchtet und denkerisch durchdrungen worden ist, gilt es abzutasten, wann die Wahrheit – wie der Psychologe Rudolf Treichler einmal formuliert hat – als «Evidenzerlebnis» aufscheint, «wie ein Blitz einschlagend oder wie ein Licht, das langsam einleuchtet»[51]. Eine solche Wahrheit wird im Herzen erlebt als Vereinigung von Gedankenklarheit und gefühls- und willenshafter Liebe zum behandelten Gegenstand.

Als Teilnehmer einer Sitzung oder einer Konferenz sehen wir damit ein hohes Ziel vor uns: Gesprächskünstler zu werden durch das Verbinden von individueller und sozialer Schulung. Bei allem Engagement sollten wir gelegentlich eine Umwendung des Willens vollziehen mit der Frage: Auf welcher Stufe verläuft das Gespräch? Ufert es aus in empfindungshaftes Schwärmen und muß ich den gedanklichen Prozeß anregen? Oder verhärtet es sich in Parteiungen, und gilt es, neue Offenheit zu schaffen? In welchem Beitrag, und das braucht nicht der am klügsten formulierte zu sein, verbindet sich der persönliche Einsatz mit einer sachgemäßen Behandlung des Problems? Vielleicht wird dann in einzelnen Momenten das Bild einer Gemeinschaft auftauchen, in der freie Individualitäten gleichberechtigt und brüderlich zusammenwirken. In solchen Augenblicken kann empfunden werden, was das apokalyptische Motiv der Verbindung mit dem Geist einer Gemeinschaft spirituell bedeutet: eine geistige Kommunion.

Zusammenfassung

Fassen wir die zentralen Gesichtspunkte des ersten Kapitels zusammen. Die bedrängenden antisozialen Tendenzen der Gegenwart brauchen nicht zu einer Haltung resignativer Klage zu führen, sondern lassen sich als Herausforderung begreifen, die Kräfte des Sozialen bewußt zu entdecken. Dabei können Motive aus dem ersten Teil der Johannes-Apokalypse eine Hilfe sein. Denn die Sendschreiben an sieben Gemeinden charakterisieren und beurteilen aus christlicher Sicht Haltungen, die für das soziale Leben von Bedeutung sind. Dabei geraten in den Briefen an die erste und siebte Gemeinde, an Ephesus und Laodicea, die polaren Gefahren eines weltflüchtigen Spiritualismus einerseits und eines satten, konsumorientierten Materialismus andererseits in den Blick, während in den Schreiben an die zweite und sechste Gemeinde, an Smyrna und Philadelphia, gerade die entgegengesetzten positiven Kräfte der Hinwendung zum Mitmenschen und eines lebendigen geistigen Strebens hervorgehoben werden. Die mittleren Briefe schließlich führen über die Kritik an der empfindungshaften, sensualistischen Haltung der Gemeinde von Pergamon und der utilitaristischen Einstellung der Gemeinde von Thyatira hin zur Ermahnung an die Gemeinde von Sardes, zum höheren Bewußtsein der Geistes-Gegenwart zu erwachen.

Die zentralen Ansätze Rudolf Steiners zur Gestaltung des Sozialen erweisen sich als geeignet, das Verständnis dieser Aspekte zu vertiefen. Denn wie Johannes das Ringen um Erkenntnis als Heilmittel gegen den Materialismus und das Bemühen um Bruderliebe als Korrektiv des Spiritualismus anführt, so beschreibt Rudolf Steiner ein schöpferisches Geistesleben und die Bereitschaft zu gegenseitiger Hilfe bis in die konkreten wirtschaftlichen Verhältnisse hinein als Grundlagen eines gesunden sozialen Lebens. Und wie sich im Zentrum der apokalyptischen Briefe das Motiv des Erwachens findet, so spricht Rudolf Steiner von der Notwendigkeit, am Seelisch-Geistigen des anderen zu erwachen und so ein auf Menschenverständnis beruhendes Rechtsleben als dritten Pfeiler des Sozialen zu begründen.

Wie diese allgemeinen Ideen in die konkrete Gestaltung eines Schulorganismus hineinwirken können, wurde im weiteren Fortgang der Überlegungen erörtert. Dabei ergab sich einerseits aus der Reflexion über das Soziale Hauptgesetz die Aufgabe, durch Ertragsteilung Formen einer solidarischen Einkommensbildung zu entwickeln. Andererseits wurde die Herausforderung bewußt, den Freiheitsraum, der sich als Folge der im Soziologischen Grundgesetz beschriebenen Individualisierung ergibt, durch ein initiatives Geistesleben zu gestalten; in diesem Zusammenhang erschien die enge Kooperation von Lehrern, Eltern und Oberstufenschülerinnen und -schülern in der Selbstverwaltung der Schule wesentlich. Schließlich wurden Wege aufgezeigt, die im Sozialen Urphänomen beschriebenen antisozialen Kräfte des modernen Menschen zu überwinden und so zu sinnvollen Entscheidungsprozessen zu kommen. Wahre Gemeinschaftsbildung, so die gemeinsame Sicht der Johannes-Apokalypse und Rudolf Steiners, vollzieht sich durch einen spirituellen Übungsweg, der zum Erwachen für den Geist der Gemeinschaft führt.

II. BEWUSSTSEINSFRAGEN

1. Die Krise der Wissenschaft

Nachdem im ersten Kapitel die antisozialen Tendenzen der Gegenwart beleuchtet und Grundlagen einer menschengemäßen Sozialgestalt von Schule dargestellt worden sind, soll es im folgenden um ein Gebiet gehen, das unmittelbar in den Unterricht hineinspielt: den gegenwärtig sich vollziehenden Bewußtseinswandel. Denn ob es um Klimakatastrophen oder Kernwaffen, um Energieverknappung oder Gentechnologie, um Depressionen oder Sinndefizite, um Arbeitslosigkeit oder Aggressivität geht – die Probleme sind Ausdruck und Folge einer bestimmten Art des Denkens über die Welt, die Gesellschaft und den Menschen. Daher läßt sich die Krise der Gegenwart begreifen als Krise des menschlichen Bewußtseins, präziser: als Krise der neuzeitlichen Wissenschaft. Entsprechend vielstimmig ist heute der Chor derer, welche die Einseitigkeit des neuzeitlichen, mechanistisch-naturwissenschaftlichen Weltbildes beklagen und eine «Wendezeit» heraufdämmern sehen.[52]

Drei Aspekte erscheinen in diesem Zusammenhang bedeutsam: Die moderne Wissenschaft hinterläßt ein latentes Sinndefizit, sie hat ein Übermaß an Wissen, aber einen Mangel an Erleben geschaffen, sie erfaßt das Tote, nicht aber das Lebendige. Auf allen drei Feldern lassen sich in der Gegenwart intensive Suchbewegungen beobachten.

Während der Geltungsverlust der traditionellen Religionen fortschreitet und die Zahl der Kirchenaustritte steigt, boomt der Markt transzendentaler Sinnangebote: von fernöstlichen Meditationspraktiken bis hin zur Scientology Church. Dabei geht es zumeist nicht um eine Ergänzung oder Vertiefung abendländischer Rationalität, sondern oftmals um ihre Verabschiedung – hinter den glatt polierten Mauern der modernen Zivilisation wächst die Gefahr eines religiösen Irrationalismus.

Wissenschaft und technisierte Lebenswelt erweisen sich aber nicht nur als unfähig, die geistigen Bedürfnisse zu befriedigen, sondern auch die seelischen: Die dürren Gedankengebäude abstrakter Spekulationen und die öden Datenfelder empirischer Untersuchungen schrekken gerade Jugendliche ab; je seelenloser der Wissenschaftsbetrieb erscheint, umso intensiver wird das Erleben fernab vom Gedanklichen gesucht. Die Sehnsucht nach seelischer Ausweitung ist – wie der Bamberger Soziologe Gerhard Schulze eindrucksvoll dargestellt hat – zum Massenphänomen geworden; in unserer «Erlebnisgesellschaft» geht es für die überwiegende Mehrheit der Bevölkerung nicht mehr um die pure Sicherung des Lebens, sondern um den Spaß daran.[53] So vielfältig dieser Spaß gesucht wird – was dem einen der Musikantenstadel, ist dem anderen die Vernissage oder der Bungee-Sprung aus 30 m Höhe –, einheitlich ist die Suche nach dem Erlebnis: möglichst satt, sofort, perfekt. Nach der Devise «Erlebe dein Leben» definiert der Geschmack den Sinn des Lebens, quer durch alle sozialen Schichten hindurch.

Eine der Ursachen für diesen Erlebnishunger ist sicherlich auch der Eindruck, daß in der künstlichen Lebenswelt der Moderne das wirkliche «Leben» zu entgleiten droht; die Sehnsucht von Goethes Faust, zu den Quellen des Lebendigen vorzustoßen, zu erkennen, «was die Welt im Innersten zusammenhält», zu schauen «alle Lebenskraft und Samen», ist keineswegs überholt, sondern in das Grundgefühl zahlreicher Zeitgenossen eingegangen – der Aufstieg der Grünen legt Zeugnis davon ab. Die Versicherung, die Gentechnik sei der adäquate Weg, Lebendiges zu schaffen, trifft vielfach auf Skepsis; nicht künstliches Leben wird gesucht, sondern ein Anschluß an die natürlichen Lebenskräfte.

Wir stehen – darauf deuten die vorangehenden Betrachtungen hin – mitten im Wandel des neuzeitlichen Paradigmas. Einer der ersten, welche diesen Paradigmenwechsel im Blick auf seine Ursachen und seine historische Dimension ausgelotet haben, war der Soziologe Max Weber. Seit Beginn der Hochkulturen etwa 3000 v. Chr. – so entwickelte Weber schon 1919 in Vorträgen an der Münchener Universität – habe es die Menschheit verstanden, durch in sich schlüssige religiöse Weltbilder allgemeinverbindliche Antworten zu finden auf die großen Fragen des Daseins: Was sollen wir tun? Wie sollen wir leben? Die neuzeitliche, abendländische Wissenschaft sei ursprünglich mit dem Anspruch angetreten, die Religion in dieser Aufgabe abzulösen und den «Weg zum wahren Sein, zur wahren Natur, zum wahren Gott» zu weisen. Doch müßten sich sowohl Natur- wie Sozialwissenschaften eingestehen, daß sie mit ihren Methoden der empirischen Beobachtung, des Experiments und der gesellschaftlichen Analysen die eigentlichen Lebensfragen prinzipiell nicht beantworten können – die moderne Wissenschaft hinterlasse ein Vakuum. Entsprechend pessimistisch klingt die Prognose Max Webers vor revolutionär gesinnten Studenten: «Nicht das Blühen des Sommers liegt vor uns, sondern zunächst eine Polarnacht von eisiger Finsternis und Härte ... Wenn diese Nacht langsam weichen wird, ... was wird aus Ihnen allen dann innerlich geworden sein? Verbitterung oder Banausentum, einfaches stumpfes Hinnehmen der Welt und des Berufes oder das dritte und nicht seltenste: mystische Weltflucht bei denen, welche die Gabe dafür haben, oder – oft und übel – sie als Mode sich anquälen?»[54]

Die Kulturnacht, so können wir rückblickend sagen, ist eingetreten – und noch nicht überwunden. Läßt sich auch diese Krise, so ist zu fragen, als Herausforderung begreifen? Gibt es Ansätze für eine Neubelebung des Denkens? Wo liegen die Quellen einer verwandelten, schöpferischen Intelligenz? Nun hat Rudolf Steiner, etwa zeitgleich mit Max Weber, die gegenwärtige Bewußtseinskrise in eine noch umfassendere historische Dimension gestellt und, gerade in seinen pädagogischen Ansätzen, die Krise der Intelligenz als Aufgabe verstanden, Wege zur Bewußtseinsentwicklung aufzuzeigen. Da er in diesem Zusammenhang Motive der Apokalypse aufgreift, sollen die entsprechenden Bilder zunächst in ihrem ursprünglichen Kontext aufgesucht und erläutert werden; sie hängen mit der zweiten Siebenerfolge der Johannes-Apokalypse zusammen, dem Öffnen der sieben Siegel.

2. Die sieben Siegel und der Kampf Michaels: Vom sterbenden zum spiritualisierten Gedankenleben

Im vierten Kapitel der Apokalypse, nach den Briefen an die Gemeinden, wird Johannes zu einem weiteren Erleben geführt:

> *Da schaute ich mich um,*
> *und – ich sage euch, und das ist wahr –*
> *eine Tür stand weit offen am Himmel,*
> *und die erste Stimme, die zu mir geredet hatte,*
> *laut dröhnend wie eine Posaune, redete zu mir:*
> *Komm herauf! Ich will dir zeigen,*
> *was sich, eines Tages, ereignen wird.*

Diese Worte deuten auf eine neue Art geistiger Erfahrung: In einem imaginativen Erleben erschließt sich Johannes in bewegten, aufeinanderfolgenden Bildern der Zeitenstrom. In diesem Zusammenhang erscheint zunächst, gleichsam am Quellpunkt der Zeit, das Wesen, welches «das Leben von einem Äon zum anderen trägt» (4,3): der Thronende; er wird angebetet von vierundzwanzig Ältesten und vier Geistwesen, die mit den kosmischen Tierkreiskräften des Stiers, des Löwen, des Adlers und des Wassermanns in Beziehung stehen.

Findet man sich mit diesem Bild eines himmlischen Gottesdienstes an den Beginn der Schöpfung versetzt, so tritt im fünften Kapitel ein neues Element auf:

> *Und ich sah:*
> *In der Rechten dessen, der da sitzt auf dem Thron,*
> *der eine,*
> *der Unnennbare:*
> *In der Rechten sah ich eine Buchrolle,*
> *innen und außen beschrieben,*
> *verschlossen mit sieben Siegeln.*

Der Kontext legt nahe, bei diesem Buch mit den sieben Siegeln an den verborgenen Schöpfungsplan in der Hand Gottes zu denken. Wer aber, so fragt ein «gewaltiger» Engel, vermag die Siegel zu lösen? Niemand im Himmel, auf der Erde und im Totenreiche erscheint als würdig, niemand – bis die Prophezeiung eines der Ältesten die Spannung durchbricht: «Siehe, der Löwe aus dem Stamme Juda hat den Sieg errungen, die Wurzel Davids. Er kann das Buch öffnen und seine Siegel lösen!» (5,5)

Damit wird die Aufmerksamkeit in die geistige Richtung des Löwen gelenkt, man erwartet ein Wesen mit Löwenkraft – doch was erscheint, ist ein Lamm, «als wäre es bereits geopfert». Was sich hier ausspricht, hat Goethe in seiner Novelle nachempfunden; indem der Löwe vom Kind gezähmt und zum «Lamm» wird, ist ein Hinweis gegeben, daß die äußere Kraft sich in Opferkraft zu verwandeln hat, wenn Geschichte an ihr Ziel kommen soll. Als Träger dieser Opferkraft erscheint im Bilde des Lammes der Christus; durch ihn entfaltet sich der Zeitenstrom, dessen Geheimnisse nun in großen Bildern enthüllt werden.

Die vier apokalyptischen Reiter

Beim Öffnen der ersten vier Siegel erscheinen folgende Motive:

> *Und ich sah,*
> *wie das Lamm das erste Siegel zerbrach,*
> *und ich hörte,*
> *wie eins der vier gewaltigen Wesen aufschrie*
> *und brüllte mit Donnergetöse:*
> *Her zu mir! Komm!*
> *Und da!*
> *Ich sage Euch, und das ist wahr:*
> *Da ritt der Schimmel ein*
> *und auf ihm ein Reiter mit einem Bogen und einer Krone,*
> *ein Sieger, der auszog, zu siegen.*

Und als das Lamm das zweite Siegel zerbrach,
da hörte ich das zweite der vier gewaltigen Wesen aufschreien:
Her zu mir! Komm!
Und schon ritt wieder ein Pferd ein,
das war rot wie das Feuer
und auf ihm ein Reiter,
dem wurde ein riesiges Schwert übergeben:
Töte den Frieden. Vernichte ihn:
Abschlachten sollen einander die Menschen.

Und als das Lamm das dritte Siegel zerbrach,
da hörte ich das dritte der vier gewaltigen Wesen aufschreien:
Her zu mir! Komm!
Und da – ich sah es wahrhaftig –
ritt abermals ein Pferd ein,
ein Rappe,
und auf ihm ein Reiter,
der hielt eine Waage,
in seiner Rechten.
Und ich hörte, wie eine Stimme rief,
im Kreis der vier gewaltigen Wesen:
Ein Scheffel Weizen für einen Denar,
drei Scheffel Gerste für einen Denar:
Dem Öl und dem Wein aber
füge keinen Schaden zu!

Und als das Lamm das vierte Siegel zerbrach,
da hörte ich das vierte der gewaltigen Wesen aufschreien:
Komm! Her zu mir!
Und schon – ich sage Euch, und das ist wahr –
ritt das vierte Pferd ein,
und es war bleich und fahl,
blaßgrünlich und weiß,
und auf ihm ein Reiter,
dessen Name war: Tod,
und in seinem Gefolge: Auswurf der Hölle. Gerippe.

Die erhielten die Macht,
die Hades-Schatten,
ein Viertel der Welt zu verwüsten
und die Menschen mit Schwert, Hunger und Tod
und wildem Getier auszurotten.

Das Motiv der vier apokalyptischen Reiter, die bei der Öffnung der ersten Siegel erscheinen, ist aus zahlreichen Abbildungen, besonders aus den Holzschnitten Albrecht Dürers, gut bekannt; die Reiter sind zumeist als Krieger dargestellt, die Tod und Vernichtung über das Land bringen. Auch neuere Exegeten sehen in den Pferden Schlachtrösser und in den Reitern Anspielungen auf Kriegszüge feindlicher Völker; manche wollen etwa in dem ersten Reiter mit dem Bogen einen Parther erkennen, beunruhigten doch die Parther zur Zeit des Johannes ständig die Ostgrenze des Römischen Reiches und bedeuteten damit für die Römer den gleichen Schrecken wie für das Mittelalter die Hunnen und später die Türken. Solche Auslegungen aber verkennen, was schon im ersten Vers der Apokalypse angesprochen wird: In Bildworte ist die Offenbarung gebracht und Johannes gesandt worden, die Motive sind symbolisch zu deuten. Worauf weist das Bild des Pferdes hin?

Einerseits steht das Pferd für elementare Triebkraft; dieser Aspekt liegt dem Bild des Kentauren in der griechischen Mythologie zugrunde, ebenso dem umgangssprachlichen Ausdruck: «Mir sind die Pferde durchgegangen» als Synonym für: «Ich habe die Beherrschung verloren.» [55] Aber gerade diese Wendung verweist auch darauf, daß sich der Charakter des Pferdes verwandelt, wenn es vom Menschen in den Dienst genommen wird: Die Vitalkraft metamorphosiert sich in Bewußtseinskräfte. So symbolisiert das Trojanische Pferd der Griechen die intellektuelle Kraft, mit der die Hellenen die alte Priesterkultur Trojas überwunden haben, so wird verständlich, daß Athene als die in besonderer Weise mit dem Denken verbundene Göttin, die dem «Haupt des Zeus» entsprang, gelegentlich mit einem Pferdeschädel als Helm dargestellt ist – der Pferdeschädel wurde als verlängerte Stirn empfunden. Auch im Koran erscheint das Pferd als Bild für Bewußtseinskräfte: Mohammed wird auf dem Pferd «al borak», das heißt «der Blitz», durch die sieben Sphären der geistigen Welt getragen.

Daß eine solche symbolische Betrachtung einen Zugang zu den apokalyptischen Motiven eröffnet, wird durch eine vergleichbare Stelle aus dem alttestamentlichen Buch Sacharja geradezu nahegelegt. Hier schaut der Prophet vier Wagen, die zwischen zwei ehernen Bergen hervorgehen, bespannt mit roten, schwarzen, weißen und scheckigen Rossen. Auf die Frage, was diese bedeuten, erhält er die Antwort, es seien die vier Winde – oder Geister – des Himmels (Sach 6,1 f.). Damit ist die Ebene charakterisiert, in der sich auch das apokalyptische Drama ereignet: In den vier apokalyptischen Reitern erscheinen Geistwesen, welche die Bewußtseinsgeschichte der Menschheit impulsieren. Wenden wir uns den Bildern im einzelnen zu.

Vier Aspekte kennzeichnen das erste Motiv: Die Farbe des ersten Reiters ist weiß, der Reiter trägt einen Bogen und erhält eine Krone, er ist der Sieger und reitet aus, um weiter zu siegen. Die Einzelzüge verweisen auf eine ursprünglich «weiße», reine, lichtvolle Geistigkeit, in der der Mensch noch die «Krone» trug, d.h. offen war für die übersinnliche Welt; siegreich fand er einen Zugang zum Geisthintergrund der Wirklichkeit. Das Bild des Bogens gliedert sich in diesen Zusammenhang ein: Der Bogen war Attribut des «fernhin treffenden» Apoll und symbolisierte die Zielgerichtetheit und Schnelligkeit des Gedankens; die Zen-Kunst des Bogenschießens wird noch heute als Weg meditativer Versenkung geübt.[56] In dem Bild des ersten Reiters lebt die Erinnerung an das goldene Zeitalter einer hohen Geistigkeit als einer ersten Stufe des menschlichen Bewußtseins.

Völlig anders das zweite Motiv: Das Rot des Pferdes malt den atmosphärischen Grundton des Bildes. Das Feuer des Blutes verdrängt die ursprüngliche Reinheit des Erkennens. Wünsche und Leidenschaften, wie sie in der umgangssprachlichen Wendung: «Ich sehe rot» ausgedrückt werden, prägen die Seele auf der zweiten Stufe der Bewußtseinsentwicklung. Somit entsteht Streit. Daher der Auftrag an den zweiten Reiter, den Frieden von der Erde zu nehmen, daher die Übergabe des großen Schwertes. Der kämpferische Grundcharakter dieser zweiten Kulturstufe ist nicht einfach negativ zu bewerten: Wenn die Intelligenz persönlich werden soll, sind Herausforderungen und Auseinandersetzungen notwendig und hilfreich. Wenn allerdings die Hitze der Leidenschaft dominiert, kommt es dazu, daß die Menschen einander «abschlachten».

Das Motiv des dritten Siegels erscheint zunächst rätselhaft. Wie auf einem Markt werden Lebensmittel abgewogen und für bestimmte Preise angeboten. Das Schwarz als Farbe des Irdischen mag sich auf diese Verhältnisse beziehen. Das Bewußtsein richtet sich auf die Gestaltung der äußeren Ordnungen. Damit ist auf eine dritte Kulturstufe angespielt: Handel und Geldwirtschaft entstehen in den Hochkulturen. Allerdings weist das dritte Siegel auf einen bestimmten Aspekt dieser Entwicklung hin. Denn Weizen und Gerste werden weit überteuert angeboten. Normalerweise konnte man – so gibt Cicero an – zwölf Maß Weizen für einen Dinar kaufen; die Gerste, die der Herstellung billigerer Brotsorten diente, kostete etwa einen Drittel des Weizenpreises. Wenn nun ein Maß Weizen, das heißt die täglich notwendige Speiseration, den Tageslohn eines Arbeiters, nämlich einen Dinar, verschlingt, dann bedeutet das Teuerung und Not. In der Tat ist für die Jahre 92 und 93 in Kleinasien eine große Hungersnot nachgewiesen, die Zwangsbewirtschaftung des Getreides und die Festsetzung von Höchstpreisen nötig machte.[57] Doch weist das dritte Siegel über den zeitgeschichtlichen Rahmen hinaus auf die bis heute aktuelle Tatsache hin, daß Hunger und Not im Hintergrund des zivilisatorischen Fortschrittes lauern. Öl und Wein als sakramentale Substanz (Jakobus 5,14) allerdings sind von der Teuerung ausgenommen – vielleicht ein Hinweis darauf, daß das spirituelle Leben einer anderen Ordnung angehört als den irdischen Verhältnissen und sich auch in äußeren Notlagen entfalten kann.[58]

Erschreckender noch als die vorangegangenen erscheint das vierte Siegel. Das Pferd ist «Chloros», wie von Chlor, es trägt die Farbe der Verwesung, sein Name ist: der Tod, Todeskräfte gehen von ihm aus. Eine letzte Stufe im Abstieg des Bewußtseins ist erreicht, das Denken ist erstorben und hat Tod und Verwüstung über die Erde gebracht.

Das nun folgende Eröffnen des fünften Siegels stellt einen deutlichen Einschnitt dar; die bisherige Entwicklung wird nicht fortgesetzt, sondern es erscheinen ganz neue Bilder.

> *Und als das Lamm das fünfte Siegel zerbrach,*
> *da sah ich, unterm Opfertisch,*
> *die Seelen der Niedergemachten:*
> *ermordet, allesamt,*
> *weil sie am Wort Gottes festhielten*
> *und sich weigerten, ihr Bekenntnis zu widerrufen.*
> *Die schrien mit lauten Stimmen:*
> *Wie lange noch,*
> *Heiliger, Wahrhaftiger, Herr,*
> *Wie lange noch wirst Du warten,*
> *ehe Du richtest*
> *und unser Blut*
> *vor den Bewohnern der Erde*
> *als gerecht erweist?*

Betrachtet man diese Motive, so fällt zunächst auf, daß sich die Dynamik des Geschehens ändert. Das Bild eines Altares erscheint: des Ortes, wo sich die Gedanken und Empfindungen zur geistigen Welt erheben. Damit deutet sich eine veränderte Perspektive an: Das Denken kann sich verwandeln und erneut Zugang gewinnen zu den wirkenden Kräften im Kosmos. Auf der fünften Stufe der Kulturentwicklung erscheint damit die Aufgabe der Spiritualisierung des Denkens. Daß diese Aufgabe ergriffen werde, fordern die Seelen der Märtyrer, die den Altar umgeben; sie schreien nicht nach Vergeltung, sondern drängen darauf, daß ihr Opfer wirksam werde für den Gang der Kulturentwicklung.[59]

Enthüllte das fünfte Siegel die Problemstellung der gegenwärtigen Zeitepoche, so weist das sechste Siegel auf zukünftige Entwicklungen hin.

Ich aber sah:
Als das Lamm das sechste Siegel zerbrach,
da erbebte mit mächtigen Stößen die Erde,
die Sonne verdunkelte sich und wurde finster wie ein schwarzer Sack,

und der Mond fing an, ringsum zu bluten,
und die Sterne fielen vom Himmel herab auf die Erde:
wie Feigen, wenn der Herbststurm kommt und durch die Äste fegt.
Der Himmel rollte sich,
wie wenn er ein Buch wäre, zusammen
und wurde winzig,
und die Gebirge und Inseln machten sich los:
Nichts war mehr, wohin es gehörte.

So erschreckend diese Imaginationen zunächst wirken, so wesentlich ist, sich zu verdeutlichen, daß nicht von einem Ende, sondern von einer Verwandlung des Kosmos gesprochen wird. Wenn der Himmel sich zusammenrollt wie eine Buchrolle, so legt das die Deutung nahe, daß bisher in den äußeren Erscheinungen des Kosmos: den Sternen, Tierkreiszeichen und Planeten, wie in einer Schrift das Geistige zu entziffern und damit indirekt zu erfahren war, daß aber nun die spirituelle Welt unmittelbar wahrnehmbar wird. Entsprechend erscheint im Fortgang des Textes das Bild des Thronenden, eine Wirklichkeit, die für die Menschen so überwältigend ist, daß sie sich vor ihr verbergen möchten (vgl. Apk 6,15–17). Auch endet das Öffnen der Siegel nicht in Perspektiven der Zerstörung, denn bevor das siebte Siegel aufgebrochen wird und unmittelbar, ohne eigenes Motiv, überleitet zum Erklingen der sieben Posaunen, entsteht inmitten des Niedergangs das tröstliche Bild eines Aufstiegs: Ein Engel, der «vom Sonnenaufgang emporsteigt», hält die Mächte der Zerstörung zurück, bis die Saat für den Aufgang gelegt ist, bis «wir die Stirn der Knechte unseres Gottes mit dem Siegel, zwischen den Augen, gekennzeichnet haben. Und schon hörte ich die Namen all derer, die das Gottesmal auf ihrer Stirn tragen sollten: 144000 ...»

Mit diesen Worten ist auf ein bedeutsames Geschehen hingedeutet, das gleichsam eine Umkehrung der Siegelöffnungen darstellt. Bei dem Aufbrechen der Siegel enthüllten sich die Urideen des göttlichen Schöpfungsplans, jetzt ziehen diese Kräfte in die Menschen ein; Menschen werden «an ihrer Stirn» als Gefäße einer schöpferischen Geistigkeit versiegelt.

In diesem Zusammenhang klingt eine Zahl auf: 144000. Damit ist nicht eine bestimmte Quantität gemeint, sondern eine gesteigerte kosmische Qualität: zwölffach die Ordnung des Tierkreises. Eine vollkommene, neue Menschengemeinschaft aus «allen Ländern und Stämmen, Völkern und Sprachen» wird sich bilden aus denen, welche die Intelligenz dem Abstieg entreißen und zu einem schöpferischen Denken erwachen, das nicht das Abgestorbene spiegelt, sondern einen Zugang findet zum Lebendigen, Seelischen und Geistigen im Kosmos. Die zweite Siebenerfolge innerhalb der Apokalypse läßt sich somit zusammenfassen: Es wird geschildert der Abstieg der Intelligenz, und es erscheint die Perspektive einer erneuten Spiritualisierung des Denkens. Es ist nun bemerkenswert, daß Rudolf Steiner eine ähnliche Anschauung von der kulturellen Evolution entwickelt hat; ein knapper Blick auf die von ihm dargestellten Kulturstufen und die Dynamik ihrer Abfolge mag daher das Verständnis der apokalyptischen Bilder vertiefen.

Die erste der von Rudolf Steiner geschilderten idealtypischen «Kulturepochen», die sich – auch darin liegt eine Beziehung zur Apokalypse – ebenfalls einer qualitativen Zahlenbetrachtung erschließen, trägt in ihrer spiritualistischen Orientierung noch den Grundzug der Einheit mit der geistigen Welt; sie ist erfüllt von der Sehnsucht nach der göttlichen Urheimat der Menschheit. Nach Rudolf Steiners Darstellung hat sie sich im Gebiet Nordindiens entfaltet, sie geht zeitlich den inzwischen durch Ausgrabungen bekannten Städtekulturen von Mohenjo-Dharo und Harappa voran; die bekannten Zeugnisse indischen Geisteslebens wie die Veden, die Upanishaden und die Bhagavad-Gita sind als späterer Nachklang dieser ersten Kulturstufe zu betrachten. Diese «urindische Kultur» hatte als Sammlerkultur noch ein wenig enges Verhältnis zur äußeren Welt, die Sinneserscheinungen galten als Maja, und der geistig Suchende hatte sich von dem Irdischen abzuwenden – eine Welthaltung, die noch in dem eindringlichen Bildwort der Bhagavad-Gita anklingt: «Die Schildkröte, berührt man sie, zieht alle ihre Glieder ein. So halte von der Sinnenwelt, wer standhaft ist, die Sinne rein.» [60]

Die zweite Kulturepoche ist demgegenüber von dem Prinzip der Entzweiung geprägt. Durch den Kulturimpuls der Seßhaftwerdung mit der Bearbeitung des Bodens wird die Menschheit näher an das

Irdische herangeführt; die Materie bietet Widerstand, der durch Arbeit zu überwinden ist. Entsprechend lebt in der urpersischen Kultur, deren Zentrum im sechsten Jahrtausend im Gebiet des heutigen Turkmenistan und Afghanistan zu denken ist[61], eine dualistische Grundstimmung: Der Mensch ist zwischen Ahura Mazdao, den Gott des Lichtes, und Angra Mainyu, den Fürsten der Finsternis, gestellt und hat sich in dieser Spannung zu bewähren. Eine Ausgestaltung dieser Weltsicht, die auf den iranischen Propheten Zarathustra zurückgeht, findet sich in der Avesta; darin wird der Ackerbau als Kern der mazdayanischen Religion beschrieben und eine ethische Durchdringung der Lebensführung angemahnt. Entsprechend heißt es im Glaubensbekenntnis der Zoroastrier: «... ich gelobe gut gedachtes Denken, ich gelobe gut gesprochenes Wort, ich gelobe gut getanes Werk.»[62]

Die Drei ist die Zahl der Versöhnung, Gegensätze werden in einer höheren Einheit aufgehoben. Entsprechendes ereignet sich in den Hochkulturen, die sich ab 3000 v.Chr. im Zweistromland und am Nil entfalten und die Rudolf Steiner als «chaldäisch-babylonisch-ägyptische» Kulturepoche beschrieben hat. Die Sinnenwelt erscheint hier nicht mehr als Illusion oder als Reich der Finsternis, sondern als Offenbarung des Geistigen, das in seinen Wirkungen erlebt wird. So gilt etwa die Sonne im Ägyptischen – je nach dem Stand am Himmel – als Bild der Götter Horus, Atum, Re und Osiris, der Nachthimmel wird als Offenbarung der Isis erlebt. Die dem Menschen angemessene Haltung einer solchen Welterfahrung gegenüber ist die des Gebets; der gläubige Aufblick zum Wirken des Geistigen durch das Sinnliche kann als Quelle der zahllosen ägyptischen Hymnen betrachtet werden: «Heil Dir, Osiris, gütiges Wesen, Nuts Sohn, Gebs Erstgeborener, uralter Gott, Meister des Lebensatems, großer Fürst des Westens und Ostens ...»[63]

Die Vier gilt im Okkultismus als Zahl der irdischen Welt; in der Siebenerreihe markiert sie als Mitte den Punkt des tiefsten Abstiegs und einer beginnenden Wende. Dieses Stadium der Kulturentwicklung ist in der griechisch-römischen Epoche erreicht, die im achten vorchristlichen Jahrhundert beginnt. Die instinktive Erfahrung des Geistigen schwindet, die Natur wird «entzaubert», die Sinnenwelt wird immer stärker zur eigentlichen Heimat des Menschen. Dafür entfaltet sich im Denken eine Innen-Geistigkeit, ein Prozeß, der besonders von der Mysterienstätte Delphi aus impulsiert wird.[64] Das sich entwickelnde Gedankenleben enthält ein Element von Autonomie und Selbstbewußtsein, das sich im politischen Leben in der Einrichtung der Demokratie äußert. Der Ich-Impuls dieser Kulturepoche lebte in besonderer Weise im israelitischen Volk. Die Entmythologisierung der Natur, der strenge Monotheismus, die Gesetzesethik und das entstehende Geschichtsbewußtsein förderten die individuelle Verantwortlichkeit, der Kampf gegen die Versuchung im Inneren wurde zum großen Motiv des Spätjudentums.

Aber auch im Kontext der römischen Lebensweise entwickelte sich, besonders im Rechtsbereich, ein Bewußtsein für die Bedeutung des individuellen Selbst; so konnte etwa ein Römer durch das Testament seinem Willen über den Tod hinaus Geltung verschaffen. In der vierten Kulturepoche tritt das individuelle Ich als Kulturfaktor auf den Plan. Damit wird der Geschichtsprozeß evolutiv sinnvoll. Der Verlust instinktiver Geisterfahrung eröffnet gleichzeitig die Möglichkeit von Freiheit. Allerdings droht die Gefahr einer spirituellen Vereinsamung und Isolierung von der kosmischen Geistigkeit; sie wird dadurch aufgehoben, daß Gott in Menschengestalt erscheint. Dieses Geschehen vollzieht sich in der Vereinigung des Christuswesens mit dem Menschen Jesus von Nazareth, in seinem Tod, seiner Auferstehung und Himmelfahrt; damit wird der Kulturentwicklung ein Aufstiegsimpuls mitgeteilt.

Die Fünf ist in der Siebenerreihe die erste Zahl nach der Mitte. Sie ist daher die Zahl der Entscheidung, ob dieser Aufstiegsimpuls ergriffen wird oder ein unzeitgemäßer Abstieg in den Materialismus erfolgt. Die Fünf ist die eigentlich apokalyptische Zahl; sie enthüllt die Freiheit als Möglichkeit zum Bösen. Menschheitlich gesehen wird dieses Entwicklungsstadium erst in der Neuzeit erreicht. In den ersten nachchristlichen Jahrhunderten und während des Mittelalters lebten sich zunächst die Impulse der vorangehenden Kulturepochen in die germanischen Völkerschaften ein; erst die Renaissance knüpfte unmittelbar an das antike Erbe an und führte gleichzeitig darüber hinaus. Mit dem Aufkommen der exakten Wissenschaften wird die Natur experimentell erforscht und zum Objekt technischer Manipulation. Ebenso werden die gesellschaftlichen Verhältnisse, das zeigen die neuzeitlichen Revolutionen, menschlicher Planung und Gestaltung unterworfen. Der moderne Mensch schafft sich eine künstliche Welt, die vielfältig auf ihn zurückwirkt; er steigt zum Subjekt der Geschichte auf. Damit steht er vor einer Schwelle, vor der Herausforderung, die an der Materie gebildete Geistigkeit als solche zu durchschauen und sich selbst als geistiges Wesen zu erfassen.

Weitere Entwicklungsstufen sind nur als Potentialität denkbar; sie führen die in der fünften Epoche getroffenen Entscheidungen weiter. Die sechste Kulturepoche steht als Spiegelung der zweiten unter einer dualistischen Perspektive. Entweder es entwickelt sich ein Kampf aller gegen alle und mit der Natur oder es gelingt, die Ansätze eines brüderlichen Zusammenwirkens auszugestalten. Die siebte Entwicklungsstufe schließlich realisiert eine in Freiheit errungene Spiritualität oder sie steht unter dem Zeichen eines sich selbst zerstörenden Materialismus.

Überblickt man Rudolf Steiners Anschauung der kulturellen Evolution, so werden manche Parallelen zur Apokalypse auffallen; sie beziehen sich sowohl auf die einzelnen Entwicklungsstufen wie auf die Gesamtdynamik des Geschehens.

Die Bilder der vier apokalyptischen Reiter entsprechen den ersten vier von Steiner geschilderten Kulturepochen: Die «reine», sich von der Sinnenwelt fernhaltende, nach «oben» geöffnete Weisheit einer frühen Kulturstufe findet ihren Ausdruck in dem Bild des ersten Reiters auf dem weißen Pferd mit der Krone auf dem Haupt, der kämpferische Charakter der zweiten Stufe lebt in dem Bild des Reiters auf dem roten Pferd, dem ein Schwert übergeben wird, die Hinwendung zur Organisation der irdischen Verhältnisse auf der Stufe der Hochkulturen wird in dem Reiter auf dem schwarzen Pferd symbolisiert, der eine Waage in der Hand hält und Marktpreise ausruft, das Absterben der ursprünglichen Geistigkeit im Kontext der Entzauberung der Natur auf der vierten Kulturstufe drückt sich in dem Reiter auf dem fahlen Pferd aus, der Tod und Verwüstung über die Erde bringt. Deuten diese ersten vier Imaginationen auf den absteigenden Charakter der Kulturentwicklung hin, so konzentriert sich die Darstellung der Aufstiegskräfte im fünften Bild: In dem Motiv des Altares, unter dem die Seelen der Märtyrer nach einer Veränderung der Verhältnisse rufen, lebt die Sehnsucht nach einer neuen Geistigkeit, die dann auf der nachfolgenden Stufe wirksam wird.

Das Drama beim Eröffnen der apokalyptischen Siegel und die Geschichtssicht Rudolf Steiners, so läßt sich zusammenfassen, enfalten sich in der gleichen Dynamik der Emanzipation von einer ursprünglichen Geistigkeit und der Notwendigkeit des Erringens einer neuen Spiritualität. Worin aber liegt, so bleibt zu fragen, die Ursache dieser Evolution? Was ist der Hintergrund des Bewußtseinswandels? Wie kam es zur Veränderung des Denkens? Eine Antwort erschließt sich durch eine bewußtseinsgeschichtliche Betrachtung. Vertieft man sich in antike Überlieferungen, etwa in altägyptische Texte oder die Gesänge Homers, so fällt auf, daß die geistige Welt als Quellort des Denkens erfahren wurde: Der Gott Horus inspirierte den Pharao, Odysseus oder Achill erhielten ihre Gedanken von der Göttin Athene. Der Gedanke wurde offensichtlich als von außen kommend erlebt; das Denken erschien als Tätigkeit eines geistigen Wesens. Ein solches Erleben ist heute erloschen. Seit dem Beginn der Neuzeit erfährt sich der Mensch im Sinne von Descartes «Cogito ergo sum» selbst als Produzent seiner Gedanken; nicht ein geistiges Wesen, so empfinden wir, denkt in uns, sondern wir selbst sind es, die das Denken führen.

Nimmt man die historischen Symptome – und sie ließen sich durch zahlreiche andere vermehren [65] – ernst, so drängt sich der Gedanke auf, daß die geistige Welt selbst sich in der kulturellen Evolution der menschlichen Erfahrung entzogen hat, um die Freiheit eines autonomen Seelenlebens zu ermöglichen. In früheren Zeiten war jedes «Denken» ein Begegnungsgeschehen; mit der Wahrnehmung flossen dem Menschen instinktiv geistige Inhalte zu, erfüllten sein Seelenleben und stifteten Sinn. Erst mit dem Absterben dieses alten Bewußtseins gewinnt die Geschichte ihre apokalyptische Dimension, das Gedankenleben geht über in die Verantwortung des Menschen. In zahlreichen Zusammenhängen hat Rudolf Steiner auf das geistige Wesen hingewiesen, das in der kulturellen Evolution als «Verwalter der kosmischen Intelligenz» gewirkt hat, in alten Lehren, so führt er aus, habe man «die Macht, aus der die Gedanken der Dinge erfließen, mit dem Namen Michael bezeichnet»[66]. Da auch die Johannes-Apokalypse von diesem Wesen spricht, sei im folgenden das entsprechende Bild betrachtet.

Das Michaels-Motiv

In der Johannes-Apokalypse erscheint Michael im Kontext der sieben Siegel als der «gewaltige Engel», der die 144 000 mit dem Siegel einer neuen Innen-Geistigkeit an der Stirn auszeichnet. Michael selbst, so wird angedeutet, bewirkt das Absterben des alten Bewußtseins und impulsiert einen Neubeginn. Das zentrale Bild von der Wirksamkeit Michaels aber findet sich in der Apokalypse an späterer Stelle, im 12. Kapitel, nach dem Erklingen der sieben Posaunen. Da es dort, wie noch zu zeigen sein wird, ebenfalls um die Frage des Denkens geht, wenn auch im Zusammenklang mit den anderen Seelenkräften des Fühlens und Wollens, sei das entsprechende Motiv, das auf den Geisthintergrund des Bewußtseinswandels deutet, schon jetzt angeführt.

> *Und schon brach der Kampf aus,*
> *der Krieg in den Himmeln.*
> *Michael und seine Engel*
> *kämpften gegen den Drachen,*
> *und der Drache, mit seinen Engeln,*
> *kämpfte gegen Michael.*
> *Aber siegen – weil er zu schwach war –*
> *konnte er nicht:*
> *Keine Stätte war mehr für den Drachen und seine Engel,*
> *kein Ort in den Himmeln.*
> *Hinab auf die Erde*
> *wurde der mächtige Drache geworfen,*
> *die uralte Schlange,*
> *die Teufel heißt und Satanas,*

75

Mordengel der Welt,
Verderber der Menschen,
und seine Boten
wurden hinabgeschleudert mit ihm.
Ich aber hörte die große Stimme am Himmel,
die rief:
Angebrochen sind nun die Tage des Heils.
Oh Stunde der Rettung! ...
Glücklich! Glücklich die Himmel!
Glücklich alle, die in ihm wohnen!
Und wehe! Wehe euch, Erde und Meere!
Der Teufel kam zu euch hinab,
und seine Wut ist groß.
Er weiß: die Frist ist kurz,
die ihm gegeben ist.

Worauf deutet dieses eindrucksvolle Bild vom Himmelskampf und Satanssturz hin? Blicken wir zunächst auf die zentralen Gestalten der Auseinandersetzung. Michael, der einzige Engel, der in der Apokalypse namentlich genannt wird, galt schon im Alten Testament (vgl. etwa Dan 10,13) als der erste der sieben Erzengel und als besonderer Schutzherr Israels; sein Name «Wer wie Gott?» weist auf seine Aufgabe hin, die geistige Welt vor der Anmaßung widergöttlicher Mächte zu schützen. Worin diese Anmaßung besteht, wird deutlich, wenn man sich mit dem Bildausdruck beschäftigt, der den Gegner Michaels bezeichnet: Es ist der mächtige Drache, die uralte Schlange, die Teufel heißt und Satanas und den ganzen Erdkreis verführt. Der Drache erscheint hier gleichsam als vergrößerte Schlange, als das Wesen, das schon für die Vertreibung der Menschen aus dem Paradies verantwortlich war. Worauf deutet die Symbolik hin, was ist das Wesen der Schlange? Das Erleben der Schlange ist, wie ein Blick auf ihre Sinnesorganisation verdeutlichen kann, extrem an den Leib gebunden: Während Augen und Ohren wenig ausgebildet sind, besitzt sie einen hochempfindlichen Tastsinn; mit dem ganzen Leib nimmt sie feinste Erschütterungen der Erde, an die sie durch ihre horizontale Lage gebunden ist, wahr. Die

Schlange ist – und das macht sie zum Tier des Sündenfalls – Symbol des Selbsterlebens.[67]

Nun kann sich ein starkes Selbsterleben in doppelter Weise äußern: nach innen als Steigerung des Selbstgefühls, nach außen als Ausübung von Macht. Dieser zweite Gesichtspunkt lebt vor allem im Bilde des Drachen; mit seiner erdrückenden Schwere, seinen Klauen und Krallen und seinem undurchdringlichen Panzer ist der Drache in zahlreichen Mythen, Märchen und Erzählungen Zeichen einer brutalen irdischen Macht. Im vorliegenden Kontext allerdings, so wird eigens erläutert, fließen beide Aspekte zusammen: Der Drache ist der «Diabolos», wörtlich: «Durcheinanderwerfer» des Seelenlebens, und der «Satanas»: der «Feind».

Damit hellt sich der Gehalt des apokalyptischen Bildes auf. Im Himmelskampf Michaels mit dem Drachen steht der Sinn der Weltentwicklung zur Entscheidung: Es geht um Sieg oder Niederlage der widergöttlichen Mächte, die den Menschen in die Isolation einer Egoität treiben möchten, die sich in Selbstgenuß und Machtausübung darlebt. Der Ausgang dieser kosmischen Auseinandersetzung ist tröstlich, stellt aber für den Menschen eine Herausforderung dar. Der Drache wird besiegt und aus dem Himmel auf die Erde gestürzt; in der geistigen Welt, in den Bereichen des Vorgeburtlichen und Nachtodlichen, können die widergöttlichen Mächte ihre Wirksamkeit nicht mehr entfalten, umso mehr aber auf der Erde, allerdings nur für eine begrenzte Zeit.

Auf welchen Zeitraum ist hier hingewiesen, wann hat der Michaelskampf stattgefunden? Das Preislied der «gewaltigen Stimme» im zweiten Teil des Textes deutet weniger auf den Beginn der Schöpfung hin als auf die spannungsgeladene Zeit zwischen der Auferstehung und Wiederkunft des Menschensohnes, wird doch durch den Sieg Michaels die Herrschaft des Gesalbten, des Christus, aufgerichtet. Nun hat Rudolf Steiner den Zeitpunkt des Michaelskampfes genauer umrissen; er knüpft dabei an die Lehre des spätmittelalterlichen Abtes Trithemius von Sponheim an, der von Epochen besonderer Erzengel-Wirksamkeit sprach, die jeweils etwa 350 Jahre dauern. Rudolf Steiner stellt in diesem Zusammenhang dar, der Erzengel Gabriel habe ab 1510 als inspirierender Zeitgeist gewirkt, im letzten Drittel des

19. Jahrhunderts sei er dann von Michael abgelöst worden. Blickt man auf die Bewußtseinsgeschichte, so läßt sich eine solche Äußerung durchaus nachvollziehen. Denn Gabriel wird in der christlichen Tradition als ein Wesen geschildert, das mit dem Geburtsgeschehen verknüpft ist. Eine Geburt aber, ein Inkarnationsvorgang, hat sich seit Beginn der Neuzeit vollzogen: Die europäische Menschheit, im Mittelalter eher jenseitig orientiert, wandte sich im 15., 16. Jahrhundert der Erde zu und erfaßte die äußeren Räume; die Künstler vermaßen den Sehraum, die Entdecker den Erdenraum, die Astronomen den Himmelsraum, die Anatomen den Körperraum, die Naturwissenschaftler erforschten die Dinge nach Kategorien des Raumes: nach Maß, Zahl und Gewicht. Im ausgehenden 19. Jahrhundert aber kündigte sich der Umschwung dieses Paradigmas an; die Künstler erwiesen sich als besonders sensibilisiert für die gewandelten spirituellen Verhältnisse. In scharfer Abwendung vom Naturalismus tasteten sich die Expressionisten, Kubisten, Surrealisten und Protagonisten der abstrakten Kunst in neue Räume vor. Die geistigen Hintergründe und Intentionen dieser Suche leuchten auf in dem berühmt gewordenen Wort Paul Klees: «Diesseitig bin ich gar nicht faßbar. Denn ich wohne gerade so gut bei den Toten wie bei den Ungeborenen. Etwas näher dem Herzen der Schöpfung als üblich. Und noch lange nicht nahe genug.»[68]

Die spirituelle Grundlage dieses Bewußtseinswandels stellt die beginnende Wirksamkeit Michaels dar. Michael, in der christlichen Ikonographie gelegentlich als Engel mit der Waage des Totengerichtes dargestellt, steht an der Schwelle zur geistigen Welt, er möchte die Reduktion des materialistischen Bewußtseins überwinden und zum Erkennen der spirituellen Dimension der Wirklichkeit führen. Dabei war, so stellt Rudolf Steiner dar, das Heraufkommen des Materialismus und das damit verbundene Absterben alter Erfahrungsmöglichkeiten keinesfalls eine Fehlentwicklung, sondern ermöglichte geradezu den neuen Bewußtseinsschritt: «... Man kann den ‹Fall› in den Materialismus nur allein beachten, und dann über ihn traurig sein. Aber während das Anschauen dieses Zeitalters sich auf die äußere physische Welt beschränken mußte, entfaltete sich im Innern der Seele eine gereinigte, in sich selbst bestehende Geistigkeit des Menschen als

Erleben. Diese Geistigkeit muß nun im Michael-Zeitalter nicht mehr unbewußtes Erleben bleiben, sondern sich ihrer Eigenart bewußt werden. Das bedeutet den Eintritt der Michael-Wesenheit in die menschliche Seele.»[69]

Eine Hilfe zum Verständnis dieser zunächst überraschenden Ausführungen kann die Überlegung sein, daß die wissenschaftliche Methodik der kontrollierten Beobachtung, des Experiments und der anschließenden Gedankenschritte eine Reinigung der Seele bedeutet; unbeeinflußt von Emotionen und Assoziationen entfaltet sich ein objektiv geistiger Prozeß, in dem es gilt, Selbstlosigkeit im Wahrnehmen und Willenstätigkeit im Denken adäquat zu verbinden. Gegenwärtig ist das erkennende Ich nun vor die Aufgabe gestellt, sich dieser Geistigkeit bewußt zu werden und die Gedankenbewegung so zu entfalten, daß sie nicht nur das Erfassen des Toten ermöglicht, sondern vordringt in die Sphären des Lebendigen, der seelischen Qualitäten und geistigen Zielsetzungen. Dieses Erwachen stellt sich als ein inneres Lichterlebnis dar. Bildhaft-imaginativ gesprochen erscheint im Menscheninnern die Lichtgestalt des Michael, der mit dem Schwert des Gedankens die Drachenkräfte des ungeläutert Seelischen: Wünsche, Triebe, Illusionen und Assoziationen zurückdrängt. Seit dem letzten Drittel des 19. Jahrhunderts – so führt Steiner aus – kann dieses Erleben für jeden Menschen guten Willens innere Wirklichkeit werden: «Aber im letzten Drittel des 19. Jahrhunderts war es so, daß das Michael-Bild im Menschen so stark wurde, daß es nur sozusagen von dem guten Willen des Menschen abhing, um nach oben fühlend, bewußt sich zum Michael-Bilde zu erheben, damit ihm auf der einen Seite wie im unerleuchteten Gefühlserlebnis sich das Drachenbild darstelle, und dann auf der andern Seite, in geistiger Schau und doch schon für das gewöhnliche Bewußtsein, eben die Leuchtgestalt des Michael vor dem Seelenauge stehen kann.»[70]

Einer solchen Erlebnismöglichkeit entsprechen veränderte geistige Verhältnisse; sie finden sich in der Johannes-Apokalypse geschildert als der kosmische Kampf Michaels mit dem Drachen. Nach Rudolf Steiners Darstellung hat diese Auseinandersetzung im zweiten Drittel des 19. Jahrhunderts geistig real stattgefunden; als Folge seines Sieges ist Michael zum führenden Zeitgeist geworden.[71] Damit ist die spirituelle Atmosphäre gewandelt; aus den Reichen des Vorgeburtlichen und des Schlafes bringt das Seelisch-Geistige des Menschen andere Impulse, Sehnsüchte und Kräfte mit als zuvor.

Aber auch die «Drachenkräfte» – Rudolf Steiner spricht von «Geistern der Finsternis»[72] – wirken weiterhin; sie äußern sich in dem Fortbestehen materialistischer Tendenzen und regressiver, vorindividueller Impulse, etwa dem Wiederauferstehen nationalistischer Strömungen.

Für die Pädagogik ist nun entscheidend, sich mit der Frage zu beschäftigen, welche Kräfte denn gegenwärtig aus dem Vorgeburtlichen mitgebracht werden und in den Seelen der Heranwachsenden leben. In innerer Anknüpfung an seine Ausführungen zum «Michaelischen Zeitalter» hat sich Rudolf Steiner dazu in einem Vortrag vom 11. September 1920 geäußert: Die Entwicklung der Intellektualität – so Steiner – war in den letzten Jahrhunderten verbunden mit «bildlosen Kräften», welche die sich inkarnierenden Seelen aus dem Vorgeburtlichen mitbrachten; diese Kräfte führten zur Fähigkeit des abstrakten Denkens und erzeugten in dem Maße ein helleres Selbstbewußtsein, als der Mensch sich durch die abstrahierende Tätigkeit von dem unmittelbaren Erleben des sinnlichen Reichtums der Naturerscheinungen abgrenzte und die Naturgesetze durchschauen lernte. Die dadurch errungenen Fähigkeiten haben die moderne Zivilisation begründet und können weiterwirken, reichen aber nicht mehr aus. Denn in der Zukunft wird es notwendig sein, nicht nur ein reflektierend Geistiges, welches das Gewordene spiegelt, im Inneren zu erleben, sondern ein Geistiges, das schaffend tätig ist. Grundlage dieser neuen Geistigkeit ist die Begabung mit bildschaffenden Kräften, die in den Seelen gegenwärtig veranlagt sind. In dem erwähnten Vortrag heißt es wörtlich: «Und jetzt beginnt – und darinnen liegt vielfach der Grund für das Stürmische unserer Zeit –, jetzt beginnt die Zeit, in welcher die Seelen aus der geistigen Welt, indem sie durch die Empfängnis und die Geburt zum irdischen Leben heruntersteigen, sich Bilder mitbringen.»[73] Was ist mit diesen «Bildern» oder – wie etwas später formuliert wird – mit diesen Kräften «der verbildlichenden Darstellung»[74], die nicht nur vom Ich erfaßt, sondern von der Fülle seelischen Erlebens ergriffen sein wollen, gemeint? Wie können sie entfaltet werden? Die Erörterung dieser Fragen soll im nächsten Kapitel versucht werden.

3. Wege zur Spiritualisierung des Denkens in der Pädagogik

Phantasie, Vertiefung der Sinnesempfindung, Ideal

Sucht man Wege zur Verwandlung des Denkens, so wird es zunächst notwendig sein, sich Klarheit über den Charakter der im vergangenen Kapitel erwähnten, im Michael-Zeitalter aus dem Vorgeburtlichen mitgebrachten bildschaffenden Kräfte zu verschaffen, stellen sie doch die spirituelle Grundlage des gegenwärtig notwendigen Bewußtseinswandels dar. Eines kann dabei bald deutlich werden: Es handelt sich nicht um «Abbilder» des Gewordenen, sondern um schaffende, gestaltende Kräfte, die in die Zukunft hineinwirken. Drei Schichten kommen dabei in Betracht.

Die bildschaffenden Kräfte sind zunächst einmal Phantasiekräfte; sie gestatten es, bewegliche Bilder von Lebensprozessen aufzubauen. In seinen naturwissenschaftlichen Studien war Goethe Pionier im Entwickeln dieser Fähigkeit; er hat sie in seinem Aufsatz «Das Sehen in subjektiver Hinsicht» konkret beschrieben: «Ich hatte die Gabe, wenn ich die Augen schloß und mit niedergesenktem Haupte mir in der Mitte des Sehorgans eine Blume dachte, so verharrte sie nicht einen Augenblick in ihrer ersten Gestalt, sondern sie legte sich auseinander, und aus ihrem Inneren entfalteten sich wieder neue Blumen aus farbigen, auch wohl grünen Blättern; es waren keine natürlichen Blumen, sondern phantastische, jedoch regelmäßig wie die Rosetten der Bildhauer. Es war unmöglich, die vorquellende Schöpfung zu fixieren. Hingegen dauerte sie so lange, als mir beliebte, ermattete nicht und verstärkte sich nicht.»[75] Was Goethe hier schildert, ist der Übergang vom Nachbild des Gewordenen zur «produktiven Einbildungskraft», welche Werdendes erzeugt, ist das bewußte Vorstoßen in den Bereich der Lebenskräfte. Bemerkenswert erscheint, daß Goethe die Gestaltung nicht willkürlich beeinflußt; vielmehr bereitet er den Bildeprozessen durch gesammelte Aufmerksamkeit ein Bewußtseinsfeld, auf dem sie sich objektiv entfalten können.

Ein zweiter Bereich, in dem die bildschaffenden Kräfte tätig sind, ist das bewußte Erleben von Sinnesqualitäten. Was geschieht, wenn eine Farbe nicht bloß flüchtig wahrgenommen wird und zu einer blassen, am Gegenstand haftenden Vorstellung führt? Es vollzieht sich ein Einleben in differenzierte Empfindungsnuancen, ein Vortasten in eine Seelenwelt, deren Qualitäten man sich bildhaft-imaginativ ins Bewußtsein rufen kann. Wassily Kandinsky hat in seiner Schrift «Über das Geistige in der Kunst» diese Qualitäten eindrücklich beschrieben; er setzte damit fort, was Goethe mit der Betrachtung der «sinnlich-sittlichen» Wirkung der Farben begonnen hatte. Als Beispiel sei Kandinskys Charakterisierung des Weiß angeführt, die metaphorische Art des Sprechens deutet darauf hin, daß das Bewußtsein hier in einen zunächst «okkulten», übersinnlichen Wirklichkeitsbereich vorstößt: «Bei der näheren Bezeichnung ist das Weiß, welches oft für eine Nichtfarbe gehalten wird, ... wie ein Symbol einer Welt, wo alle Farben, alle materiellen Eigenschaften und Substanzen, verschwunden sind ... Deshalb wirkt das Weiß auf unsere Psyche als ein großes Schweigen, welches für uns absolut ist ... Es ist ein Schweigen, welches nicht tot ist, sondern voll Möglichkeiten. Das Weiß klingt wie Schweigen, welches plötzlich verstanden werden kann. Es ist ein Nichts, welches jugendlich ist oder, noch genauer, ein Nichts, welches vor dem Anfang, vor der Geburt ist. So klang vielleicht die Erde zu den weißen Zeiten der Eisperiode.» [76]

Das dritte Wirkensfeld der bildschaffenden Kräfte liegt in der Sphäre der Ideale; sie entstehen, wenn Ideen vom Gefühl und Willen ergriffen und zum Motiv des Handelns erhoben werden. Nach dem Zerbrechen einheitlicher Weltbilder kann es sich bei diesen Idealen nicht mehr um tradierte Werte handeln noch um allgemein verbindliche ethische Forderungen, sondern um individuelle Entwürfe konkreter Utopien, um die Möglichkeit, in wechselnden Situationen das jeweils Richtige zu tun. Das setzt eine Fähigkeit voraus, die Rudolf Steiner als «moralische Phantasie» beschrieben hat: in lebendigen Bildern immer wieder neu Zukünftiges antizipieren zu können. [77] Jede Nachrichtensendung macht heute schmerzlich die Ohnmacht und abstrakte Inhaltslosigkeit allgemeiner ethischer Kategorien bewußt, es geht gegenwärtig darum, sie zu konkreten Zukunftsbildern auszugestalten. In Gesprächen mit Joseph Beuys hat der Schriftsteller Michael Ende eindringlich auf die Notwendigkeit hingewiesen, solche Fähigkeiten zu entwickeln: «Mir kommt es immer so vor, als ob Sie bei alldem bereits ein Menschenbild voraussetzen, das allgemein bekannt ist. Mir scheint aber, daß gerade dieses Menschenbild – und damit ein Bild der Welt – geschaffen werden muß. Das heißt, was Sie hier mit Menschenwürde bezeichnen, das ist ja nichts Selbstverständliches, Gegebenes, sondern das ist etwas, was dargestellt werden muß, was erlebbar gemacht werden muß, damit es nicht ein Abstraktum bleibt, damit es nicht einfach nur ein toter Begriff bleibt. Auch was mit Freiheit gemeint ist, das muß ja an Bildern, an überzeugenden, lebenden Bildern geschildert werden; auch das, was wir hinfort in Zukunft für sozial oder asozial, für gut oder böse halten wollen, das muß ja geschildert werden an lebenden Bildern. Und die Erfindung solcher neuer Bilder, an denen der Mensch sich orientieren kann, das ist meiner Ansicht nach gerade die Aufgabe des Schriftstellers, des Malers, des Bildhauers, daß er Vorstellungen entwirft, in denen sich viele Menschen wiedererkennen und sagen können: ja, genau das meinen wir, das betrifft uns!»[78]

Im Blick auf eine Metamorphose der Intelligenz sind drei Fähigkeiten als zukunftsweisend beschrieben worden: die Phantasie als Weg zum Erfassen von Entwicklungsprozessen, die Vertiefung der Sinnesempfindung als Weg zum Erleben seelischer Qualitäten, das Entwerfen konkreter Utopien als Weg zu einer neuen Sinngebung. So unscheinbar diese Fähigkeiten zunächst erscheinen, so geeignet sind sie, dem im vorangehenden Kapitel in weiter historischer Perspektive beschriebenen Todesprozeß des Denkens eine neue Bewußtseinshaltung gegenüberzustellen: Indem der Wille ins Denken geführt wird, kann geistig Wesenhaftes berührt werden, das die Seele mit wirklichem Erleben erfüllt und über das Bestehende hinausweist. Auch handelt es sich nicht um weltferne und menschenfremde Postulate; vielmehr sind sie als Bedürfnis und Begabung gerade in den Heranwachsenden angelegt. Seitdem bei den Mai-Unruhen 1968 in Paris das Wort: «L'imagination au pouvoir» auf die Wände gesprüht wurde, hat es keine Jugendgeneration mehr gegeben, die nicht ihren Protest gegen die Eindimensionalität der technischen Zivilisation angemeldet hätte. Dabei fällt auf, daß gerade die Jugendlichen der achtziger Jahre sich nicht in abstrakt-intellektueller, sondern in poetisch-bildhafter Weise artikulierten: «Brecht das Packeis! Befreit Grönland! Unsere Träume könnt ihr nicht verhaften! Lieber lebendig als normal!» lauteten die Metaphern der Hausbesetzer-Bewegung. Und es wäre sicher ebenso verfehlt, aus den fremdenfeindlichen Attacken der letzten Jahre zu folgern, die gesamte Jugend sei reaktionär, wie anzunehmen, sie sei nichts als angepaßt und konsumorientiert. Auch die Jugendgeneration der Gegenwart hat ihre verändernde Kraft nicht verloren; sie wacht auf, wenn konkrete Utopien vorgestellt werden, die sich praktisch realisieren lassen: Weniger allgemeine Proteste noch vage Slogans lösen heute Begeisterung aus, sondern konkrete Projekte: ein Kleinwagenmodell, das mit Sonnenenergie betrieben wird, ein Dritte-Welt-Laden, die Anlage eines Biotops.

Bevor durch einige grundsätzliche Erwägungen und Unterrichtsbeispiele die Richtung einer möglichen pädagogischen Praxis skizziert wird, ist auf ein Hindernis einzugehen, das sich bezeichnenderweise parallel zum Einströmen der bildschaffenden Kräfte entwickelt hat: Der wachsende Bildhunger erlebt eine Scheinbefriedigung durch die Bilderflut von Illustrierten, Film und Fernsehen. Da das Fernsehen, sieht man von der täglichen Arbeit ab, die Beschäftigung ist, für welche die Menschen weltweit die meiste Zeit aufwenden, seien einige Anmerkungen zu diesem Medium gemacht.

Was bietet Fernsehen? Leuchtende, in sich bewegliche Bilder – genau das, was durch die Entwicklung imaginativer Fähigkeiten zu erreichen wäre. Doch indem das heute spirituell Notwendige von außen geliefert wird, lähmt das Medium die bildschaffenden Kräfte ab, die ein aktives Ergreifen fordern. Ohne auf diese Dimension der Wirkung von Fernsehbildern, auf die Heinz Buddemeier und Rainer Patzlaff in mehreren Veröffentlichungen aus anthroposophischer Sicht hingewiesen haben [79], aufmerksam geworden zu sein, haben doch Medienwissenschaftler längst bemerkt, daß dauerhafter Fernsehkonsum zu Passivität führt; sie sprechen in diesem Zusammenhang davon, daß die «vielberühmte spontane kindliche Kreativität … deutliche deformative Einbußen» erleidet und das «Innenleben der Kinder … monotoner» [80] wird.

In abgewandelter Weise – für eine eingehendere Analyse sei auf die genannten Publikationen verwiesen – gilt ähnliches für die Bilderflut der Illustrierten und des Films: Die Aufdringlichkeit, Fülle und rasche Abfolge der Bilder hat die Tendenz, das Bewußtsein zu überwältigen und die eigene schöpferische Einbildungskraft abzulähmen – aus dem potentiellen Produzenten wird der Konsument. «... wenn doch wer käme und mich mitnähme!» – Dieser Stoßseufzer des stets müden und unzufriedenen Bübleins aus einem Kinderbuch könnte über der Eingangspforte der Bildmedien stehen.

Dabei ist frappierend, wie deutlich die Richtung dieses «Mitnehmens» inzwischen formuliert wird. Gerade im Kontext der neueren Medienentwicklung, des Cyberspace, einer Computertechnik, durch die mit Hilfe von Datenbrille und Datenhandschuh eine dreidimensionale «virtuelle Realität» mit Tast-, Laut- und Geruchserlebnissen simuliert werden kann, werden die Sehnsüchte artikuliert, die zumindest bei der Anwendung im Unterhaltungssektor angesprochen werden sollen: Man möchte durch einen Trip in die «unendlichen Weiten» des Datenraumes den Leuten den Eindruck vermitteln, «wirklich in einer anderen Welt, wirklich *dort* zu sein» [81]. Klarer kann kaum ausgedrückt werden, daß die Medien eine Pseudoerfüllung des spirituellen Strebens darstellen, welches mit dem Einströmen der bildschaffenden Kräfte entstanden ist: eine andere, lebendigere, reichere Wirklichkeit zu erfahren – allerdings ohne eigene imaginative Tätigkeit.

So notwendig es gegenwärtig erscheint, sich im pädagogischen Umfeld einer Schule – auf Elternabenden, in Arbeitskreisen, an pädagogischen Wochenenden und Schülertagungen – mit den angesprochenen Aspekten des Medienproblems zu befassen, so eindeutig besteht die genuine Aufgabe der Lehrenden darin, eine pädagogische Praxis zu entwickeln, welche dem Bedürfnis nach einer Entfaltung der bildschaffenden Kräfte gerecht wird. Dazu nun zunächst einige grundlegende Aspekte.

Über die Entwicklung der Abstraktions- und Reflexionsfähigkeit als Voraussetzung der Erkenntnis ist in der neuzeitlichen Pädagogik viel geforscht worden. Demgegenüber ist das Nachdenken über die Entfaltung des kreativen Potentials relativ jung, wenn auch inzwischen zu einer Grundforderung pädagogischer Theorie und Praxis avanciert. In diesem Zusammenhang können die Überlegungen Rudolf Steiners eine Hilfe sein, forderte er doch schon 1919 in seinen grundlegenden pädagogischen Vorträgen zur «Allgemeinen Menschenkunde», die in Vorbereitung der Begründung der Waldorfschule für das erste Lehrerkollegium gehalten wurden, die kognitive Orientierung der Pädagogik durch einen zweiten, kreativen Strom erzieherischen Handelns zu ergänzen. Die in diesem Kontext vorgebrachten Ansätze seien knapp skizziert.

Der kognitive und kreative Strom in der Pädagogik

Fragt man nach den psychologischen Grundlagen der Reflexionsfähigkeit, so trifft man auf eine antipathische Gestik: Der erkennende Mensch stellt sich der Welt gegenüber. Auf einer ersten Stufe geschieht das in der Vorstellung: Die wahrgenommene Welt wird im Innern abgebildet. Dieses Abbild kann später erinnert werden. Dabei ist die Distanz zu dem ursprünglich Wahrgenommenen größer geworden; das Gedächtnis ist als gesteigerte Antipathie zu begreifen. Eine dritte Stufe der Antipathie schließlich ist der Begriff. Indem ich den Begriff «Baum» bilde, abstrahiere ich von dem Reichtum der sinnlichen Erfahrung, welche mir eine Linde, Birke oder Eiche mit ihrer Gestalt, der Farbe ihrer Rinde, der Form ihrer Blätter und dem Duft ihrer Blüten schenken, und blicke hin auf das Gemeinsame, die Einzelerscheinungen durchziehende Grundprinzip. Ebenso werde ich, wenn ich den Begriff «Revolution» entwickeln will, durch die geographischen und historischen Besonderheiten der amerikanischen, französischen und russischen Revolution hindurch das Übergreifende aufsuchen. Vorstellung, Gedächtnis und Begriff erweisen sich als Grundelemente einer Erkenntnis, welche das Gewordene spiegelt.

Wie aber erschließt sich ein Zugang zu lebendigen Prozessen und seelisch-geistigen Qualitäten? Das Ertasten dieser Bewußtseinsschritte führt nicht über den Weg der Distanzierung, sondern gerade umgekehrt über den der Identifikation. Die Seelenfähigkeit des Willens erscheint als Ausgangspunkt einer solchen «sympathischen» Weltzuwendung; sie leitet unmittelbar über zur Betätigung der Phantasie. Indem ich mich beobachtend in zeitlich aufeinanderfolgende Zustände eines Wachstumsvorganges einlebe und die inneren Bilder in Bewegung bringe, erwecke ich in mir die Möglichkeit, über das Gewordene hinaus Neues zu entwerfen. Wird die Sympathie weiter gesteigert, entsteht die Imagination: Der Baum kann zum Sinnbild werden für die ruhige, gesetzmäßige Entfaltung des menschlichen Lebens, das revolutionäre Ideal kann sich zum Symbol verdichten, das die Herzen befeuern und Sinn stiften kann.

Was ergibt sich aus diesen grundsätzlichen Überlegungen für die Pädagogik? Es geht gegenwärtig darum, einen Doppelstrom pädagogischen Handelns zu pflegen: Einerseits ist die Rationalität, andererseits die Kreativität zu fördern. In diesem Zusammenhang verweist Rudolf Steiner immer wieder auf die Bedeutung des bildhaften Elements, das in Form von Märchen und Legenden, aber auch in lebendigen Schilderungen zur Menschen-, Tier- und Pflanzenkunde, zur Geographie und Geschichte den Unterricht der Unter- und Mittelstufe durchziehen soll. Worin besteht, so ist zu fragen, eigentlich diese anregende Wirkung des sprachlichen Bildes? Ein Beispiel möge das verdeutlichen. Rudolf Steiner empfiehlt für den Deutschunterricht der 9. Klasse, ausgewählte Kapitel aus Hermann Grimms Goethe-Vorlesungen zu behandeln.[82] Folgt man nun dieser Empfehlung, so fällt auf, daß Hermann Grimm komplexe Sachverhalte oft in einprägsamen Bildern ausdrückt. So entwickelt er etwa, wie unterschiedlich Goethe und Schiller zum schöpferischen Prozeß des Dichtens kommen, in folgender Weise: «Alles Dichten Goethes war Gelegenheitsarbeit, seine Früchte reifen, je nachdem die Sonne scheint. Schiller hat keine Zeit, das abzuwarten: Er baut bei hartem Wetter ein Treibhaus über seine Fruchtbäume, damit ja keine Unterbrechung der Produktion eintrete, und heizt ein, wenn die Sonne nicht scheinen will. Schiller verlangt Freiheit, er zwang seinen kränklichen Körper: Der Geist sollte freie Herrschaft haben über die geistige Arbeitskraft. Ihm fehlte das Schwanken, das geduldige Abwarten, ob die Hand des Schicksals winken werde, das Nachtwandeln Goethes. Schiller durchbrach die realen Lebensbande rücksichtslos.»[83]

Wie anders wirkt eine solche Schilderung als eine nur begriffliche Beschreibung! Indem das Dichten Goethes mit einem natürlichen, von der Sonne angeregten Wachstumsprozeß verglichen wird, Schillers Schreiben aber mit einer mühsamen, gärtnerischen Arbeit, wird der Blick von einem seelisch-geistigen auf einen physisch-anschaulichen Wirklichkeitsbereich gelenkt; in das entstehende «Zwischenreich» kann die Phantasie eintauchen. Jedes Bild ruft eine ihm eigene Seelenlandschaft und Lebensluft hervor, und diese Welt kann in ihrer Anschaulichkeit empfunden, ertastet, «geschmeckt» werden.

Nun ist, gelegentlich auch in Waldorfkreisen, eine bestimmte Ansicht immer wieder zu hören: Man könne es sich zwar leisten, in der Unter- und Mittelstufe bildhaft-künstlerisch vorzugehen, spätestens ab der 9. Klasse aber müsse der Unterricht einen wissenschaftlich-rationalen Duktus bekommen. Damit ist vielfach – bezogen auf die theoretischen Fächer – Vermittlung von Wissen gemeint; die Eigenaktivität der Schülerinnen und Schüler beschränkt sich auf die Verarbeitung vorgegebener Inhalte. Sicherlich ist das Hinführen zu bewußter Urteilsbildung ein wesentlicher Bestandteil des Oberstufenunterrichts, doch sollte auch in dieser Altersstufe der «sympathische» Willensstrom gepflegt werden. Der Oberstufenlehrer kann es sich geradezu zum Anliegen machen, neben Aufgabenstellungen, welche die Vorstellungs-, Gedächtnis- und Begriffsbildung schulen, solche zu setzen, welche die Phantasie anregen. Einige Beispiele aus dem Deutsch-, Kunstgeschichts- und Geschichtsunterricht mögen das Angedeutete erläutern.

Unterrichtsbeispiele

In der 10. Klasse der Waldorfschule werden die Schülerinnen und Schüler in die Grundgesetze der Dichtung eingeführt; in diesem Zusammenhang sind auch die verschiedenen Versmaße Thema der Betrachtung. So kann etwa der Charakter des Trochäus herausgearbeitet werden: ein ruhiges, getragenes, fallendes Versmaß, in dem etwas von abendlicher Stimmung mitschwingt. Nach einer solchen Analyse folgt nun die polare Aufgabenstellung: ein eigenes Gedicht im Trochäus so zu schreiben, daß der Grundcharakter des Versmaßes gewahrt bleibt. Das abgedruckte Beispiel und die Unterrichtserfahrungen zeigen, daß manche Schülerinnen und Schüler in erstaunlicher Weise fähig sind, in einen phantasievollen Schaffensprozeß einzusteigen; ähnliches geschieht, wenn es darum geht, ein angefangenes Gedicht zu vervollständigen oder aus einer gegebenen Situation eine dramatische Szene zu entwerfen.

Abendgedicht

Abendluft, der Tag war heiß,
Schafe weiden auf den Wiesen,
Und des Hauses saubere Fliesen
Spiegeln noch des Tages Fleiß.
Unbeschreiblich schöne Farben,
Blumen, Laub und Weizengarben –
Helles Rot und schwaches Weiß.

Abendlicht spielt auf dem Meer,
Boote ziehen weite Kreise,
Leise tönt die Schifferweise,
Und sie kehren heimwärts her.
Kühler Wind in Waldesrichtung,
Wenn hier sitzt auf einer Lichtung
Tagesmatt der Tiere Heer.

Abendstimmung auch im Haus,
Wo in frohgesinnter Runde
Stärkend geht von Mund zu Munde
Brot und Salz zum Abendschmaus.
Nacht soll allen Frieden bringen –
Mondlicht scheinet, Lieder klingen
Leise in die Nacht hinaus.

Auch der Unterricht in Kunstgeschichte ist geeignet, die inneren bildschaffenden Kräfte anzuregen. Hier geht es zunächst um die Frage, wie der Lehrende ein Kunstwerk an die Schülerinnen und Schüler heranbringt. Werden sie relativ unvorbereitet mit einem Bild wie etwa der «Nachtwache» von Rembrandt konfrontiert und aufgefordert, die dargestellte Szene zu beschreiben, sich dem Gedächtnis einzuprägen und die kompositorischen und malerischen Mittel zu erkennen, so erlahmt das Interesse bald – eines von ungezählten Bildern, die auf die Jugendlichen einstürmen, registriert und gedanklich eingeordnet werden. Anders verhält es sich, wenn der Lehrende zunächst einmal anschaulich schildert, aus welcher Lebenssituation heraus das Bild entstanden ist: Rembrandt war schon ein berühmter Mann, als er 1642, im Alter von 35 Jahren, den Auftrag erhielt, eine Schützenkompanie zu malen; das Bild sollte – wie es damals üblich war – neben anderen Werken den Saal eines eben fertiggestellten Schützenhauses schmücken. Achtzehn Personen waren zu porträtieren und in eine Gesamtkomposition einzuordnen – eine nicht eben leichte Aufgabe. Wie könnte sie gelöst werden? Es erweist sich als fruchtbar, eine solche Fragestellung mit den Schülerinnen und Schülern nicht nur zu diskutieren, sondern auch verschiedene Möglichkeiten szenisch durchprobieren zu lassen. Dabei werden zunächst oft Lösungen gefunden, wie sie die Tradition vor Rembrandt schon kannte: Schülerinnen und Schüler reihen sich nebeneinander auf wie bei schlechten Klassenphotos; bestenfalls knien oder setzen sich einige hin, während andere stehenbleiben. Das Unlebendige der Anordnung wird von den übrigen bald bemerkt. Wie aber könnte man es besser machen? Die Situation verändert sich sofort, wenn die Schützen nicht einfach posieren, sondern etwas tun: Der eine trommelt, der andere trägt eine Fahne, ein dritter lädt sein Gewehr, ein vierter erteilt gerade einen Befehl. Bewegung kommt auf – sie kann dadurch verstärkt werden, daß einige vortreten und andere von hinten nachdrängen. Noch lebendiger wird die Szene durch Veränderung des Lichteinfalls; welche kontrastreiche Wirkung entsteht, wenn Einzelheiten vor einem dunklen Hintergrund grell ausgeleuchtet werden, ist den Jugendlichen von Klassenspielen her bekannt. Man spürt, wie bei solchen Vorübungen die Klasse allmählich warm wird, die Phantasie wird angeregt, die Neugier auf Rembrandts Lösung wächst. Wenn dann das Kunstwerk im Dia oder als Druck gezeigt wird, kommt ihm eine starke innere Aktivität entgegen – sie ist Vorbedingung einer produktiven Aneignung, in der dann auch die Vorstellungs-, Gedächtnis- und Begriffskräfte weiter entwickelt werden können.

Sinnvoll ist es auch, im Kunstunterricht neben der Bildbeschreibung eine Übung zu pflegen, welche man als Bildschilderung bezeichnen könnte. Wiederum wird der «sympathische» Willensstrom angesprochen. Schülerinnen und Schüler werden angeregt, aus der Identifikation mit einer der dargestellten Personen heraus das Bildgeschehen aufleben zu lassen. Als Beispiel sei eine Schilderung angeführt, die in Anknüpfung an Caspar David Friedrichs Gemälde «Abtei im Eichwald» von einer Schülerin der 11. Klasse verfaßt wurde; sie zeigt, wie eine ganz andersartige, individuellere Beziehung zum Bild entsteht als durch eine distanzierte, objektivierte Bildbeschreibung.

«Abtei im Eichwald
Winterkälte kroch durch die Kleider, und selbst die leinene Winterkutte hielt nicht warm. Unsere Schritte knirschten im frischgefallenen Schnee. Wir redeten nicht, und man hörte nur das Krächzen der Raben, die in einer der abgestorbenen Eichen saßen. Endlich waren wir an der Ruine der Abtei angekommen. Dort befand sich auch die Ansammlung von Grabsteinen, bei denen wir Bruder Manuel beerdigen wollten. Der Abt stimmte einen Trauer- und Bittgesang für den Toten an, und die eintönige Melodie ließ einen verloren wirken in dieser Landschaft. Unser warmer Atem wurde in der kalten Luft weiß und löste sich dann langsam auf. Dabei mußte ich an ein Menschenleben denken: Wie der Atem dringt es aus dem warmen Körper, verbindet sich mehr und mehr mit der Umgebung und geht dann über in die Weite der Welt.»

Selbst der Geschichtsunterricht, von dem traditionell die Vermittlung von Vergangenem und die Ausbildung des Gedächtnisses erwartet wird, kann zur Förderung der Phantasiekräfte beitragen. Rudolf Steiner hat in diesem Zusammenhang die Anregung gegeben, an geeigneten Stellen des Unterrichts die Frage aufzuwerfen, wie sich der Geschichtsverlauf wohl gestaltet hätte, wenn ein bestimmtes historisches Ereignis nicht eingetreten wäre. Was hätte es für die Entwicklung Europas bedeutet, wenn es Karl Martell mit seinem fränkischen Heer im 8. Jahrhundert nicht gelungen wäre, bei Tours und Poitiers den arabischen Vormarsch aufzuhalten? Wie wäre die Geschichte verlaufen, wenn es die deutsche Oberste Heeresleitung Lenin nicht ermöglicht hätte, in einem plombierten Eisenbahnwaggon quer durch Deutschland in das vorrevolutionäre Rußland zu reisen? Wie sähe heute die Welt aus, wenn Gorbatschow nicht an die Macht gekommen wäre? Solche und ähnliche Fragen durchbrechen die Macht des Faktischen, sie ermutigen die Schülerinnen und Schüler, alternative Bilder auszugestalten, sie schärfen zudem das Urteilsvermögen für die Bedeutung bestimmter historischer Ereignisse. Dabei braucht sich die Phantasie nicht auf die Rekonstruktion eines «anderen» Geschichtsverlaufes zu beschränken, sondern kann auch zum Entwurf konkreter Utopien vorstoßen. Rudolf Steiner hat 1924 an die Jugendlichen, die mit der Anthroposophischen Gesellschaft verbunden waren, eine Rundfrage gerichtet: «Wie stellst du dir vor, daß die Welt der Menschheit um 1935 sein soll, wenn dasjenige, was du in deiner Jugend ersehnst, darin Platz haben soll?»[84] Eine solche Frage ruft dazu auf, die eigenen Willensimpulse ins Bewußtsein zu heben und ein Szenario ihrer Realisierung zu entwerfen. Wenn der Geschichtslehrer, umgewandelt für die Gegenwart, diese Problemstellung aufgreift, wird er bemerken, wie sich die latenten Impulse der Schülerinnen und Schüler auszusprechen beginnen und wie Zukunft hereingerufen wird; er gewinnt zudem die Möglichkeit, die geschichtlichen Erfahrungen so an die Schülerinnen und Schüler heranzubringen, daß sie als Hilfe erlebt werden können für das Verwirklichen der eigenen Zielsetzungen.

Anläßlich der Vorstellung einer achten Klasse stellte eine Schülerin, die für eine Aktion gegen den Hunger in Afrika warb, folgende Fragen an das versammelte Kollegium einer Waldorfschule:
1. Warum denken und handeln so viele Menschen so unendlich egoistisch?
2. Weshalb stehen sich die Menschen mit so viel Haß und Streit gegenüber?
3. Warum können sich die Menschen nicht auf friedliche Weise einigen und zusammenleben?
4. Warum produzieren die Menschen noch weiter so grausame Waffen, obwohl sie von diesen schon mehr als genug haben? Weshalb wird nicht endlich total abgerüstet?

5. Warum müssen so viele an Hunger sterben, und andere essen sich buchstäblich zu Tode? Wo bleibt da die Gerechtigkeit?
6. Warum hängt die Freundschaft und Gerechtigkeit der Menschen so oft von ihrer jeweiligen Rasse und Hautfarbe ab?
7. Warum können viele Menschen keinen Glauben mehr an Gott finden und auch das Gute im Menschen nicht mehr sehen?

Blickt man auf solche und ähnliche Formulierungen hin, so wird deutlich, wie intensiv – oft halbbewußt oder verborgen unter dem Mantel der Kritik – in den Seelen vieler Jugendlicher Ideale veranlagt sind. Fragt man nach der Quelle dieser Ideale, so rührt man an die tiefste Schicht der bildschaffenden Kräfte. Denn diese weisen in ihrer Dynamik und Radikalität über das schon Bestehende – auch über alte Ideale – hinaus, können also nicht der Beobachtung der äußeren Welt entstammen. In einem Vortrag vom 9. Oktober 1918 hat Rudolf Steiner auf ihren übersinnlichen Ursprung hingewiesen: Er schildert sie als Imaginationen, die gegenwärtig von Engelwesen in die Menschenseelen einverwoben werden. Die Impulse, aus denen diese Imaginationen stammen, charakterisiert Rudolf Steiner in dreifacher Weise: als Möglichkeit, «durch das Denken zum Geist zu gelangen», als Ziel, «daß in der Zukunft jeder Mensch in jedem Menschen ein verborgenes Göttliches sehen soll», als Grundsatz, «daß in der Zukunft kein Mensch Ruhe haben soll im Genusse von Glück, wenn andere neben ihm unglücklich sind»[85].

Eine solche Darstellung deutet auf eine Wirklichkeit hin, die als Folge des im vorangehenden Kapitel beschriebenen Michaelskampfes betrachtet werden kann. Überdenkt man sie, so versteht man einerseits die Geschichtswirksamkeit von Idealen als Suche nach einer vertieften Freiheit, Gleichheit und Brüderlichkeit, man begreift andererseits die Intensität, mit der sie gerade im Jugendalter aufbrechen, zu einem biographischen Zeitpunkt also, an dem sich das seelische Erleben entscheidend vertieft. Gleichzeitig drängt sich die Frage auf, was denn geschieht, wenn die bildschaffenden Kräfte nicht durch eine entsprechende Erziehung entwickelt oder auch durch zivilisatorische Hindernisse abgestumpft werden. In dem schon angeführten Vortrag vom 11. September 1920 äußert sich Rudolf Steiner in folgender Weise:

«Verloren gehen diese Kräfte nicht; sie breiten sich aus, sie gewinnen Dasein, sie treten doch in die Gedanken, in die Gefühle, in die Willensimpulse hinein. Und was entstehen daraus für Menschen? Rebellen, Revolutionäre, unzufriedene Menschen, Menschen, die nicht wissen, was sie wollen, weil sie etwas wollen, was man nicht wissen kann, weil sie etwas wollen, was mit keinem möglichen sozialen Organismus vereinbar ist, was sie sich nur vorstellen, was in ihre Phantasie hätte gehen sollen, da nicht hineingegangen ist, sondern in ihre sozialen Treibereien hineingegangen ist.» [86]

Eine solche Perspektive wirft ein entscheidendes Licht auf die Gewaltproblematik der Gegenwart. Steckt hinter der Rebellion vieler Jugendlicher nicht die tiefe Enttäuschung an einer allzu abstrakten Welt, in der sie nur auf Scheinerlebnisse und bürgerlich-abgestumpfte Sinnangebote treffen? «Das ist immer noch spannender als ein Krimi», äußerte ein Jugendlicher nach den Krawallen in Rostock. Die Aussage trifft Wesentliches: Manche Jugendliche stehen herum, schütten Bier auf ihre Köpfe und warten darauf, daß etwas passiert. Und da sich innerlich wenig tut, muß äußere «Action» her. Es wird an späterer Stelle unter einem anderen Aspekt auf das Problem der Jugendgewalt zurückzukommen sein. Vorläufig sei versucht, den Gedankengang des zweiten Kapitels zusammenfassend nachzuzeichnen.

Zusammenfassung

Ausgangspunkt der Überlegungen war die vielfach diagnostizierte Krise der modernen Wissenschaft; sie hat das Bedürfnis nach Sinnperspektiven und einem tieferen Erleben der Welt unbefriedigt gelassen, sie erweist sich als unfähig, die Sphäre des Lebendigen zu verstehen. Die Betrachtung der apokalyptischen Motive im Zusammenhang mit dem Eröffnen der sieben Siegel stellte diese Defizite in einen weiten bewußtseinsgeschichtlichen Horizont hinein. Die Bilder der vier apokalyptischen Reiter verweisen in ihrer Abfolge auf den allmählichen Todesprozeß des Denkens; von einer ursprünglich hohen, «reinen», jenseitig orientierten Spiritualität, symbolisiert in dem Reiter auf dem weißen Pferd, wendet sich das Bewußtsein immer stärker dem Erfassen der Sinneswelt zu; die letzte Stufe ist ein Denken, welches nur das

Tote erfaßt und Tod bringen wird – eine Geisteshaltung, die durch den Reiter auf dem «fahlen», verwesenden Pferd angedeutet wird. Das fünfte Siegel mit dem Bild des Altares durchbricht nun diese absteigende Tendenz und eröffnet eine aufsteigende Dynamik; aus der Sphäre der Verstorbenen ertönt die Bitte nach einer erneuten Offenbarung des Geistigen. Das nächste Siegel gestaltet diese Perspektive weiter aus; am Ende steht der Ausblick auf die Gemeinschaft der Einhundertvierundvierzigtausend, die an ihrer Stirn das Zeichen einer neuerrungenen, schöpferischen Geistigkeit tragen.

Im Blick auf Rudolf Steiners Geschichtsauffassung wurden die apokalyptischen Bilder transparent für kulturgeschichtliche Entwicklungen: Die sieben Siegel entsprechen sieben Kulturepochen, die in idealtypischer Weise den Weg der kulturellen Evolution nachzeichnen. Dabei zeigt sich eine ähnliche Dynamik wie in der Apokalypse: Die Emanzipation von einem ursprünglich mythischen Bewußtsein führt über die Entzauberung der Natur hin zur wissenschaftlich-technischen Rationalität der Moderne, welche die Möglichkeit der Naturbeherrschung, aber auch das Risiko der Naturzerstörung mit sich gebracht hat. Unsere Zeit erweist sich als fünfte und eigentlich apokalyptische Stufe; sie stellt vor die Herausforderung, das im Laufe der geschichtlichen Entwicklung entstandene Selbstbewußtsein so zu entfalten, daß durch eine Verwandlung der Intelligenz ein neuer Zugang zu den Kräften des Lebendigen, Seelischen und Geistigen im Kosmos gewonnen wird.

Der spirituelle Hintergrund und die innere Dramatik dieser Situation enthüllten sich durch die Betrachtung des apokalyptischen Bildes vom Himmelskampf Michaels mit dem Drachen, ein Motiv, auf dessen geistige Realität Rudolf Steiner im Blick auf das zweite Drittel des 19. Jahrhunderts hingewiesen hat. Der Sieg Michaels hat die Grundlage für eine Spiritualisierung der Intelligenz geschaffen; seit dem Beginn des Michael-Zeitalters im letzten Drittel des 19. Jahrhunderts bringen die sich inkarnierenden Seelen bildschaffende Kräfte mit, die Ausgangspunkt eines Bewußtseinswandels sein können. Es erscheint als zentrale Aufgabe gegenwärtiger Pädagogik, den Charakter dieser Kräfte zu durchschauen und ihnen zur Entfaltung zu verhelfen. Die Ausführungen Rudolf Steiners im zweiten Vortrag der «Allgemeinen

Menschenkunde»[87] stellen in diesem Zusammenhang eine entscheidende Erkenntnishilfe dar: Bei den bildschaffenden Kräften handelt es sich um Willenskräfte, die auf die Entwicklung von Phantasie, eine Intensivierung der Sinnesempfindungen und das Entwerfen konkreter Utopien drängen.

Wie dieses schöpferische Potential durch Anregungen zur Eigentätigkeit gefördert werden kann, wurde abschließend an exemplarischen Unterrichtsbeispielen angedeutet; ebenso wurde auf die Gefahr der Brutalisierung der Willenskräfte durch eine einseitig kognitive Methodik hingewiesen.

Die Bewußtseinskrise der Gegenwart stellt die Lehrenden in eine umfassende Verantwortung hinein; die tägliche Unterrichtspraxis wird mitentscheiden, ob die schöpferischen Intelligenzkräfte des Michael-Zeitalters kulturwirksam werden können. «Denn Michael» – so führte Rudolf Steiner einmal aus – «braucht gewissermaßen einen Wagen, durch den er in unsere Zivilisation hereinkommt. Und dieser Wagen ist dasjenige, was sich dem wirklichen Erzieher enthüllt, wenn es aus dem jugendlichen, werdenden Menschen hervortritt, ja schon aus dem Kinde ... Erziehen wir in der richtigen Weise, so bereiten wir Michael das Fahrzeug, damit er hereinkommen kann in unsere Zivilisation.»[88]

III. WANDLUNGEN DER SEELE

1. Die Krise der Seele

Mit den folgenden Überlegungen tastet sich die Studie in einen weiteren Bereich der Gegenwartsproblematik vor; er betrifft Veränderungen des Seelenlebens. Auch hier kann die Betrachtung des Phänomens der Gewalt aufschlußreich sein. Denn über die schon beleuchtete allgemeine Disposition zur Gewalt durch die antisozialen Kräfte der Gegenwart und den Erlebnishunger hinaus enthält die Problematik eine andere, tiefere Schicht: Wie kommt es von der allgemeinen Disposition zur Ausführung? Was bringt Eltern dazu, ihre Kinder zu mißhandeln, was Jugendliche dazu, ungehemmt loszuschlagen? Betrachtet man konkrete Gewalttaten, so wird das Phänomen nur noch rätselhafter. Denn gerade bei jugendlichen Gewalttätern fällt auf, daß ihr Handeln nicht aus rationalen Erwägungen erfließt: Auf die Frage nach dem Motiv ihrer Morde, Brandstiftungen und Prügeleien erfolgt zumeist ein hilfloses Achselzucken. Symptomatisch in diesem Zusammenhang erscheint das folgende Interview mit einem 18jährigen:

Interviewer (I:) Du hast mit drei Freunden einen Schwarzen halbtot geschlagen. Warum eigentlich? Hat er dir etwas getan?

Manfred (M:) Warum fragen mich immer alle, warum?

I: Das ist so üblich bei Journalisten.

M: Nein, auch die anderen. Der Psycho-Doktor, der Richter, die Polizei, immer wollen sie alle wissen, warum! Warum nur, warum?

I: Der Grund ist halt interessant, dann könnte man dich verstehen.

M: Was interessiert mich, ob mich einer versteht!

I: War die Sache geplant?

M: Nein.

I: Es ist so zufällig passiert?

M: Er war halt da, die schwarze Sau!

I: Warum Sau?

M: Schon wieder warum! ... Ihr habt alle noch nicht begriffen, daß wir kein warum brauchen, um hinzulangen.[89]

Was sich in einem solchen Interview ausdrückt, kann als symptomatisch gelten. Zahlreiche Gewalttaten entstehen unmittelbar und unmotiviert gleichsam «aus dem Bauch» heraus; Gewalt erscheint als Folge eines brutalisierten Willens, der sich vom Denken und Fühlen getrennt hat.

Aber auch das Umgekehrte läßt sich beobachten: Die Haltung eines teils desinteressierten, teils sensationslüsternen Registrierens, aus dem keinerlei Konsequenzen gezogen werden. Vor einiger Zeit ging eine erschreckende Nachricht durch die Presse:

«Touristen filmten seelenruhig, wie eine Frau ertrank.
Paris. Das Drama, das sich vergangene Woche am Mont-Saint-Michel an der französischen Kanalküste abgespielt hat, wird ein juristisches Nachspiel haben. Wie gestern bekannt wurde, sollen Touristen zur Rechenschaft gezogen werden. Dutzende hatten einer Ertrinkenden keine Hilfe geleistet, sondern den Todeskampf gefilmt oder fotografiert.»

Der nachfolgende Text erläutert die Situation genauer: «Am Fuße des Inselklosters waren Tausende von Touristen im Wattenmeer spazieren gegangen. Dabei war ein sechsjähriges Mädchen gestolpert und in ein tiefes Wasserloch gefallen, es drohte zu ertrinken. Die Mutter versuchte zu helfen, verlor aber selbst das Gleichgewicht. Als zwei von einem Café-Besitzer alarmierte Feuerwehrmänner Minuten später ankamen, konnten sie beide aus dem Wasser ziehen, aber nur noch das Kind wieder zum Leben erwecken. Die Mutter war tot.»[90]

Ein Einzelfall? Sicherlich nicht – von alltäglichen Geschehnissen bis hin zum Wissenschaftler, der brutalste Tierversuche durchführt, gleichzeitig aber ein fürsorglicher Familienvater und sensibler Cellist ist, lassen sich zahlreiche Beispiele anführen: Die Loslösung von Denken, Fühlen und Wollen erscheint als Signatur unserer Zeit. Auch auf diesem Felde hat Max Weber tiefgreifende Entwicklungen frühzeitig erkannt. In einer 1915 niedergeschriebenen Zwischenbetrachtung zu seinen religionssoziologischen Studien merkt er an, daß mit dem Zerbrechen einheitlicher Weltbilder und dem Übergang zur hochkomplexen Industriegesellschaft auch das Seelenleben sich zu dissoziieren beginnt. Denn jeder gesellschaftliche Teilbereich stellt seine eigenen Verhaltensanforderungen: Die wissenschaftliche Tätigkeit verlangt wertfreie, emotionslose Objektivität, die wirtschaftlichen Verhältnisse fordern unter kapitalistischen Bedingungen eine Orientierung an Eigeninteresse und hochgradiger Effizienz, die moderne Verwaltung setzt eine Unterordnung des Eigenwillens unter staatliche Gesetzgebung und bürokratische Verfahren voraus. Die Emotionen, im gesellschaftlichen Mechanismus eher überflüssig, flüchten in das Privatleben, besonders in die Sphäre der Sexualität.

Angesichts von so unterschiedlichen, teilweise widersprüchlichen Verhaltensanforderungen macht es die moderne Gesellschaft schwer, eine einheitliche Persönlichkeit auszubilden. Max Weber kommt daher zu einer pessimistischen Prognose in bezug auf die Entfaltung des spezifisch Menschlichen in der bürokratischen Gesellschaft der Moderne, die ein «Ordnungsmenschentum» fördere, und wirft die Frage auf, «was wir dieser Maschinerie entgegenzusetzen haben, um einen Rest des Menschentums freizuhalten von dieser Parzellierung der Seele, von dieser Alleinherrschaft bürokratischer Lebensideale». Eine Befreiung kann er in der «Jagd nach dem Erlebnis» nicht sehen, eher einen Verlust an Distanz – also an Stil- und Würdegefühl. Max Webers Ratlosigkeit im Blick auf die Zukunft findet ihren prägnantesten Ausdruck in einem an Nietzsche angelehnten Ausblick auf das Schicksal der modernen Welt, der wie eine apokalyptische Vision anmutet: «Niemand weiß noch, wer künftig in jenem Gehäuse wohnen wird, und ob am Ende dieser ungeheuren Entwicklung ganz neue Propheten oder eine mächtige Wiedergeburt alter Gedanken und Ideale stehen

werden, oder aber – wenn keines von beiden – mechanisierte Verstei-
nerung, mit einer Art von krampfhaftem Sich-wichtig-Nehmen ver-
brämt. Dann allerdings könnte für die ‹letzten Menschen› dieser Kulturentwicklung das Wort zur Wahrheit werden: Fachmenschen ohne
Geist, Genußmenschen ohne Herz: Dies Nichts bildet sich ein, eine nie
vorher erreichte Stufe des Menschentums erstiegen zu haben.»[91]

Diese Prognose ist seither von kritischen Wissenschaftlern vielfach
bestätigt worden. Sozialpsychologen wie etwa Arnold Gehlen haben
auf die latente Schizophrenie des Menschen in einer technisierten Welt
hingewiesen, Max Horkheimer und Theodor Adorno haben von der
«Dialektik» der Aufklärung gesprochen und darauf aufmerksam gemacht, daß die Modernisierung durch den Preis der Verhärtung gegen
das Weiche, Schwache, Ungekonnte und Gefühlshafte der Psyche er-
kauft worden sei: «Furchtbares hat die Menschheit sich antun müssen,
bis das Selbst, der identische, zweckgerichtete, männliche Charakter
des Menschen geschaffen war, und etwas davon wird noch in jeder
Kindheit wiederholt. Die Anstrengung, das Ich zusammenzuhalten,
haftet dem Ich auf allen Stufen an, und stets war die Lockung, es zu
verlieren, mit der blinden Entschlossenheit zu seiner Erhaltung ge-
paart.»[92] Die Rolle der Medien in diesem Zusammenhang des Auseinanderfallens der Seelenkräfte ist inzwischen brillant analysiert worden; einige Aspekte zu ihrem wirksamsten Teil, dem Fernsehen, seien
angeführt.

Daß beim Fernsehen der Wille, um es überspitzt mit dem Wort von
H. Buddemeier zu sagen, vorzugsweise «zum Offenhalten der Augen»[93] gebraucht wird, ist schon angedeutet worden. Wie aber verhält
es sich mit dem Denken und Fühlen? Hier ist die einfache Tatsache
entscheidend, daß – ähnlich wie beim Film – eine Fülle von Bildern in
kürzester Zeit auf den Betrachter einströmt. Die Auswirkungen einer
solchen «optischen Revolution» auf das Denken hat schon Rudolf
Arnheim im Jahre 1935 treffend analysiert: «Wer beschreiben will,
muß aus dem Besonderen das Allgemeine ziehen, Begriffe bilden, vergleichen und denken. Wo aber bloß mit dem Finger gezeigt zu werden
braucht, da verstummt der Mund, da hält die schreibende, zeichnende
Hand ein, da verkümmert der Geist.»[94] Dieses Verkümmern des Geistes läßt sich verstehen, wenn man sich vergegenwärtigt, daß die

schnelle Abfolge der Einstellungen die Entfaltung eines kritischen, gar eines schöpferischen Denkens nicht zuläßt; vielmehr nötigt die Geschwindigkeit des Mediums, die Bilder mechanisch zu verknüpfen. Indem so das Denken auf der Woge der Bilderflut entführt wird, ergibt sich eine einschneidende psychologische Konsequenz: Die unverarbeitete Informationsschwemme führt zum Bewußtseinsschock der Unüberschaubarkeit.

«Wir stehen» – so sieht es der Psychologe und Kommunikationswissenschaftler Reginald Földy – «im elektronischen Informationsrausch des Heute nackt und schutzlos wie Eingeborene, die im 19. Jahrhundert von uns mit der alphabetischen Bildungswelt und der beginnenden Technisierung konfrontiert wurden.»[95] Als Folge diagnostiziert Földy eine «kollektive Depression», geboren aus der Überschwemmung mit «bad news» und dem Eindruck allgemeiner Ohnmacht; sie kann entweder zu Resignation führen oder umschlagen in Aggressivität und Gewalt. Bemerkenswert erscheinen in diesem Kontext Untersuchungsergebnisse, die darauf hindeuten, daß sich Fernseh-Vielseher aggressiver verhalten als andere – verständlich, wenn man die Massierung von Gewalt bedenkt, die im Fernsehen tagtäglich vorgeführt wird.[96]

Die Zurückdrängung des Denkens und die Ablähmung beziehungsweise Brutalisierung des Willens durch Fernsehen geht einher mit einer Aufreizung des Emotionalen: Je spannender, spektakulärer und unterhaltsamer eine Sendung, umso höher die Einschaltquoten; kulturelle Magazine oder Dokumentationen erreichen nur noch knapp 5 % der Zuschauer, Theater- und Opernübertragungen 2–3 %.[97] In welche Richtung die Bedürfnisse zahlreicher Fernsehkonsumenten gehen, dokumentiert die Entwicklung in Kabel- oder Satellitenhaushalten: Kaum 30 % verfolgen eine Sendung noch bis zum Ende, die übrigen sind im «Kanal-Surfing» auf der Suche nach Reizen und Attraktionen durch die Vielfalt der Programme. Daß in einem solchen Wechselbad ferngesteuerter Emotionen nur Abstumpfung und Aushöhlung des eigenen Fühlens folgen können, liegt auf der Hand.

Was für die Erwachsenen gilt, gilt aufgrund ihrer Bildsamkeit in gesteigertem Maße für die Kinder: Intensiver Fernsehkonsum verhindert eine harmonische Entfaltung der Seelenfähigkeiten. Wissensfetzen statt eigenständigem Denken, Sensationsgier statt eines beweglichen Mitfühlens, Resignation oder Brutalisierung statt zielgerichteten Willenseinsatzes – so sieht der heimliche Unterricht des Fernsehens aus. Hartmut von Hentig hat das Bewußtsein beschrieben, das auf diese Weise geschaffen wird:

«Ich habe es doch selber gesehen und weiß darum, wie es ist oder war. Was ich damit erlebe, ist enorm aufregend, enorm wichtig, enorm fürchterlich, enorm glanzvoll, mein Leben ist, daran gemessen, unbedeutend und langweilig; es hat eigentlich nur so viel Geltung, wie ich am Fernsehen teilnehme. Alles ist, wenn es auf dem Schirm erscheint, schon ohne mich geschehen; es läuft, auch wenn das Gerät abgestellt ist, weiter und kommt doch zu keinen Lösungen, sondern nur zu neuen Problemen. Was soll ich da noch?»[98]

Damit treten, so von Hentig, «Schule und Fernsehen in einen prinzipiellen Gegensatz» – eine Feststellung, die an Eindeutigkeit nichts zu wünschen übrigläßt. Da es aber weder realistisch und durchsetzbar noch sinnvoll wäre, Fernsehen für Schüler schlicht zu verbieten, ist Schule heute gefordert, einen Ausgleich zu schaffen. In welcher Weise das geschehen kann, soll in einem späteren Kapitel erläutert werden. Zunächst aber gilt es, die beschriebenen Tendenzen genauer zu verstehen. Was bedeutet das Auseinanderfallen der Seelenkräfte? Gilt auch für dieses Symptom das apokalyptische Motiv, daß gerade in den Schwierigkeiten die Geburt eines Neuen sich vorbereitet? Etwa gleichzeitig mit Max Weber hat Rudolf Steiner auf die Spaltung der drei Seelenfähigkeiten des Denkens, Fühlens und Wollens hingewiesen, allerdings begreift er sie als Herausforderung zu einem gegenwärtig notwendigen Entwicklungsschritt. Da Steiner auch in diesem Zusammenhang Motive entfaltet, die sich in der Johannes-Apokalypse finden, seien zunächst die entsprechenden Bilder in ihrem Kontext aufgesucht.

2. Die sieben Posaunen und das Bild der kosmischen Frau: Vom Zerfall der Seelenkräfte und der Entwicklungsperspektive der Seele

Der Übergang von dem Eröffnen der sieben Siegel zur nächsten Siebenheit, dem Ertönen der Posaunen, ist wiederum durch einen deutlichen Einschnitt gekennzeichnet. Es entsteht ein Schweigen in der Geistwelt, «eine halbe Zeitenrunde lang», den sieben Schöpfergeistern, die vor Gott stehen, werden sieben Posaunen übergeben, und ein anderer Engel tritt mit einem goldenen Rauchgefäß an den Altar und bringt angesichts des Thrones ein Rauchopfer dar. Gemeinsam mit den Gebeten der Heiligen steigt der Weihrauch empor. Dann nimmt der Engel das Gefäß, füllt es mit der feurigen Glut des Altares und wirft es hinab zur Erde: «Welch ein Getöse! Grollen und Donnern! Blitzen und Beben! Das Zeichen für die Engel, Posaune zu blasen.»

Johannes – so viel wird deutlich – erhebt sich zu einer neuen Stufe geistiger Erfahrung; das Bild des Posaunenklanges weist darauf hin, daß es sich dabei um ein «inneres Hören» handelt. Eine erlebnismäßige Annäherung an diese Erfahrung ergibt sich aus einer Beschäftigung mit der Autobiographie des französischen Widerstandskämpfers Jacques Lusseyran. Darin schildert Lusseyran, der durch einen Unfall im Alter von acht Jahren blind wurde, wie er sich bemühte, das Hören so zu verfeinern, daß er aus einer inneren Stille heraus nicht nur die momentane Seelenlage seines Gegenübers, sondern auch seine moralische Qualität erschließen konnte.[99] Rudolf Steiner hat diese Stufe höherer Erkenntnis als Inspiration beschrieben; sie erschließt einen Zugang zu der seelischen Ebene der Wirklichkeit.

Die ersten vier Posaunen

Zunächst werden nun in der Apokalypse die Auswirkungen der ersten vier Posaunenklänge geschildert; die entsprechenden Bilder seien angeführt:

Die erste Posaune:
Hagel und Feuer,
vermischt mit Blut,
stürzte zu Boden.
Ein Drittel der Erde,
ein Drittel der Bäume verbrannte,
und das Gras, das einmal grün gewesen war,
wurde Asche.

Die zweite Posaune!
Ein gewaltiger Brocken
– wie ein Fels sah er aus,
der in Feuerstürmen zerbricht –
wurde ins Meer gestürzt.
Ein Drittel des Meeres war Blut.
Ein Drittel der Fische kam um:
Kein Leben mehr unterm Wasser.
Ein Drittel der Schiffe wurde vernichtet.

Die dritte Posaune!
Ein gewaltiger Stern,
brennend wie eine Fackel,
fiel, vom Himmel herab,
auf ein Drittel der Flüsse und Quellen.
Der Stern heißt: Absinth.
Da wurde ein Drittel des Wassers zu bitterem Trank,
und die Menschen gingen, als sie ihn kosteten,
erbärmlich zugrunde:
Das Wasser war giftig geworden.

Die vierte Posaune!
Ein Drittel der Sonne,
ein Drittel des Mondes,
ein Drittel der Sterne wurde zerstört:
Himmelshelle, Tag und Nacht
waren, zu einem Drittel, finster geworden.

Versucht man eine Deutung dieser Motive, so ist der einleitende Hinweis hilfreich, das innere Hören des Johannes auf eine seelische Wirklichkeitsebene zu beziehen. Denn wenn auch zahlreiche Ausleger darauf aufmerksam machen, es gebe für die durch die Posaunenklänge hervorgerufenen Verheerungen biblische und zeitgeschichtliche Vorbilder wie etwa die ägyptischen Plagen oder der Ausbruch des Vesuv im Jahre 79 n. Chr., so ist damit noch keine Interpretation gegeben; sie entsteht erst, wenn nach dem Realitätsgehalt des Textes gefragt wird. In diesem Zusammenhang erscheint bemerkenswert, daß Eugen Drewermann, ähnlich wie Rudolf Steiner, in den Motiven der Posaunenklänge Bilder für Zerstörungen sieht, die aus Einbrüchen innerhalb des Seelenlebens entspringen.[100] Denn nach den ersten Posaunenklängen erfolgt jeweils der Absturz eines feurigen, lichthaften Elementes aus den Höhen: Feuer, ein im Feuer brennender Berg, ein Stern, brennend wie eine Fackel, stürzen herab; schließlich verlieren Sonne, Mond und Sterne ein Drittel ihres Lichtes. Liegt es nicht nahe, in Feuer, Licht und Stern Symbole des Geistigen zu sehen, das der Seele als Idealkraft voranleuchtet? Was aber geschieht, wenn diese orientierenden Fackeln in die Tiefe fallen und verlöschen? Alle Schichten der Schöpfung werden in Mitleidenschaft gezogen: Ein Drittel der Erde verdorrt, ein Drittel des Meeres wird zu Blut, ein Drittel der Wasserquellen wird bitter, ein Drittel der Sonne, des Mondes und der Sterne verliert ihren Schein. Rätselhaft bleibt die Angabe: «ein Drittel». Emil Bock hat in diesem Zusammenhang die bedenkenswerte Anmerkung gemacht, bei diesem Drittel handele es sich um den geistigen – nicht leiblichen oder seelischen – Anteil der Welt. Damit knüpft die Betrachtung an die Deutung der Bilder von den vier apokalyptischen Reitern an. Im Laufe der Geschichte ist die instinktive Erfahrung der Naturgeistigkeit verloren gegangen; sie ist zurückzugewinnen durch die Entfaltung individueller Geistigkeit im Menschenwesen selbst. Die Prüfungen auf diesem Wege aber werden im Fortgang der Apokalypse, besonders beim fünften Posaunenklang, geschildert.

Die fünfte Posaune

Wieder kehrt sich die Dynamik um; dem Sturz des Geistigen aus den Höhen antwortet der Aufstieg des Bösen aus den Tiefen. Der Brunnen des Abgrunds – in der Antike ein verbreitetes Bild für die Unterwelt[101] – öffnet sich. Rauch quillt empor, so daß Sonne und Himmel verdunkelt werden. Und dann das Ungeheure: Heuschrecken fallen aus dem Ruß auf die Erde hinab, riesige Ungeziefer, stark wie Skorpione. Ihnen wird der Befehl gegeben, weder das Gras der Erde noch alles Grünende, noch die Bäume zu beschädigen; angreifen aber sollen sie die Menschen, die nicht das Siegel an ihrer Stirn tragen. Eine erste Charakteristik der Ungeheuer ist mit diesem Hinweis gegeben: Sie wenden sich gegen die Menschen, die nicht als Gefäße einer Innen-Geistigkeit versiegelt, die nicht mit dem «Menschensohn», dem höheren Ich, verbunden sind.

Die weitere Beschreibung steigert das Erschrecken:

Ich sah:
die Leiber der Heuschrecken
sahen wie die Bäuche wilder Pferde aus,
die sich in die Schlacht hineinstürzen.
Auf ihren Schädeln trugen sie Gebilde aus Zacken,
die wie goldene Kronen aussahen,
und ihre Köpfe: wie Menschengesichter.
Ihr Haar: wie Frauenhaar.
Ihre Zähne: wie Hauer von Löwen.
Ihre Leiber: eisengepanzert.
Das Klappergeräusch ihrer Flügel:
wie das Scheppern der Pferdegeschirre
im Getümmel der Schlacht. Sie hatten den Schweif von Skorpionen,
die Heuschrecken,
und einen Schwanz, mit Nägeln gespickt;
gewappnet waren sie,
um die Menschen, fünf Monate lang,
zu foltern und zu verstümmeln.

Was an dieser Schilderung unmittelbar auffällt, ist ihre Distanz zu jedem Naturalismus. Nicht um natürliche Heuschrecken handelt es sich, die von ihnen ausgehende Plage ist keine natürliche Plage. Worin aber besteht das Wesen dieser imaginären Tiere? Will man paradox formulieren, so könnte man sagen: Ihr Wesen besteht darin, daß es kein einheitliches Wesen gibt. Es zerfällt in drei disparate Teile.

Der Kopfbereich wirkt hoheitsvoll, angenehm und verführerisch: Die Menschengesichter tragen Gebilde wie Kronen und Frauenhaar. Ganz anders der Bereich der Gliedmaßen: Ausgestattet ist er mit der Macht der Skorpione, unerträgliche Schmerzen zuzufügen. Die Mitte der Wesen schließlich ist durch ein unübersehbares Wortspiel charakterisiert. Das griechische Wort «Thorax» hat den Doppelsinn von «Brustkorb» und «Brustpanzer». Damit tritt uns, betrachtet man den Körper als Sitz seelisch-geistiger Qualitäten, ein sprechendes Bild entgegen: der Ausdruck von Wesen mit einer bestechenden Intelligenz, einem brutalisierten Willen und einem unrührbaren, mitleidlosen Gefühlsleben. Es macht Sinn, daß diese Wesen nur an die Menschen herankommen, deren Seelenleben nicht aus einer übergeordneten Geistigkeit, dem Ich, heraus gestaltet ist. Das Auseinanderfallen von Denken, Fühlen und Wollen, so läßt sich zusammenfassen, tritt uns als Signatur des Bösen beim fünften Posaunenklang entgegen.

Das Geschehen nach der sechsten Fanfare zeigt die Folge dieser Spaltung auf: Furchtbare Kriegsgreuel töten ein Drittel der Menschheit. Von nun an entrollen sich ausgedehnte Bilder, nur einige, für unseren Zusammenhang wesentliche Motive seien angeführt.

Das Bild der kosmischen Frau und die zwei Tiere

Nach dem siebten Posaunenstoß erscheint ein erhabenes, weithin bekanntes Zeichen am Himmel:

> *Die Frau,*
> *umstrahlt von der Sonne,*
> *der Mond: zu ihren Füssen,*
> *auf ihrem Haupt*

ein Kranz aus zwölf Sternen.
Ihr Leib war gewölbt:
sie ist schwanger,
die Frau,
sie schreit in Kindsnot,
gequält von den Wehen
und der Not des Gebärens.

Stellten die Heuschreckenschwärme ein Gegenbild dar, so leuchtet uns in der kosmischen Frau das Urbild der Seele entgegen: sternenhafte Gedankenklarheit um das Haupt, die Mondenkräfte, zusammenhängend mit der unbewußten Triebnatur, zu ihren Füßen, sonnenhafte Wärme vom Herzbereich der Mitte ausstrahlend. Aus einer solchen Seele heraus kann das Geisteskind, das höhere Selbst des Menschen, geboren werden. Diese Ich-Geburt aber ruft die Gegenmacht auf: Sie stellt sich im folgenden der Frau in Gestalt des Drachen gegenüber. Doch das neugeborene Kind wird geschützt und zu Gott entrückt. Die Mutter aber flieht in die Wüste. Das höhere Selbst – so deutet das Bild an – bleibt aufbewahrt, bis die menschliche Seele, die in die Gottesferne gesandt wird, sich mit ihrem geistigen Kern verbinden kann.

Doch noch ist die Macht des Widersachers nicht gebrochen: Er tritt an zum Krieg in den Himmeln, wird aber von Michael und seinen Dienern besiegt. Damit gliedert sich das schon besprochene Motiv vom Himmelskampf Michaels mit dem Drachen in den Kontext der Auseinandersetzung um die Seele ein; die Doppelnatur des Bösen, das in diesem Zusammenhange wirkt, wird durch die nachfolgenden Bilder weiter ausgestaltet. Denn die Macht des Drachen geht über auf zwei Tiere: eines, das aus dem Wasser, und ein anderes, das aus der Erde emporsteigt. Schon diese Charakteristik ist sprechend: Das erste Tier wirkt in den Fluten seelischen Lebens, es vermag die Menschen hinzureißen zu Stürmen der Bewunderung, es verführt zur Lästerung des göttlichen Namens. Sein Medium ist das Wort, in seinem Maul liegt die Kraft des Löwen, während sein Leib die Geschmeidigkeit des Panthers besitzt. Das erste Tier tut groß: Zehn Kronen auf zehn Hörnern trägt es auf seinen sieben Häuptern. Demgegenüber tritt das zweigehörnte zweite Tier zurückhaltend, ja, bescheiden auf; man könnte es verwechseln mit dem Lamm, wäre seine Sprache nicht die eines Drachen, nämlich die einer unerbittlichen Macht. Entsprechend organisiert es die Menschen in einer starren, alle Unterschiede nivellierenden Ordnung:

> *Und es zwingt Große und Kleine,*
> *Reiche und Arme, Sklaven und Freie,*
> *sich auf ihre rechte Hand oder die Stirn*
> *ein Mal prägen zu lassen:*
> *Niemand darf Ware erstehen,*
> *niemand darf sie verkaufen,*
> *der nicht das Zeichen trägt,*
> *den Namen des Tiers,*
> *oder die Zahl der Buchstaben,*
> *aus denen der Name sich bildet.*

Es ist vielfach versucht worden, das Bild der zwei Tiere auf zeitgeschichtlichem Hintergrund zu deuten. Im ersten Tier erscheint dann die Macht des Imperium romanum symbolisiert; das Bildnis, das dem Tier errichtet wird, ist der Kaiserkult, das Siegel, das auf Stirn und Hand geprägt wird, ist der Stempel der römischen Kaiser, der Söldnern oder Sklaven als Zeichen eingebrannt wurde, so daß sie zum Eigentum des vergöttlichten Herrschers wurden.

So einleuchtend solche Interpretationen auch zunächst erscheinen und so richtig es auch sein mag, daß Johannes in den bedrängenden Ereignissen seiner Zeit erster Christenverfolgungen die Signatur des Endzeitlichen erlebte, so bleibt doch festzuhalten, daß die Grundzüge der von ihm geschauten Imaginationen sich nicht im unmittelbar Zeitgeschichtlichen erschöpfen.

Denn in der Zweiheit der Tiere, angedeutet wie schon im Kontext des Michaels-Kampfes durch die unterschiedlichen Bezeichnungen «diabolos» und «satanas», offenbart sich eine Doppelheit des Bösen, wie sie sich in den Mythologien unterschiedlichster Kulturkreise immer wieder geschildert findet: in der jüdischen Tradition der alten Chaosmächte Leviathan und Behemoth, in den griechischen Sagen von Skylla und Charybdis, in der germanischen Mythologie von der

Midgardschlange und dem Fenriswolf. Im Mythos drückt sich eine Grundbefindlichkeit des Menschseins aus: Die Seele kann in doppelter Weise abirren, einerseits durch die heiße Emotionalität entfesselter Triebkräfte, andererseits durch die kalte Intellektualität eines abstrakten Denkens – Einseitigkeiten, die Rudolf Steiner als Wirkungen des «luziferisch» beziehungsweise «ahrimanisch» Bösen beschrieben hat.

Auf dem Hintergrund der apokalyptischen Bilder, so läßt sich zusammmenfassen, enthüllen sich die zu Anfang des Kapitels beschriebenen Zeitsymptome in ihrer spirituellen Tiefendimension: Das Auseinanderfallen der Seelenkräfte erscheint einerseits als Folge des Bösen, andererseits aber als Herausforderung. Denn die Apokalypse erschöpft sich nicht im Bedrohlichen der Heuschrecken, sondern weist im Bilde der kosmischen Frau auf eine Entwicklungsperpektive der Seele hin: Es gilt, das Zusammenspiel der Seelenkräfte aus der übergeordneten Geistigkeit des Ich heraus bewußt zu gestalten; damit wird, um im apokalyptischen Bild zu bleiben, das Geisteskind geboren.

Nun hat Rudolf Steiner in ähnlicher Weise wie die Apokalypse die Seelensituation des modernen Menschen als Gefährdung und Chance zugleich beschrieben, indem er die Betrachtung in eine historische Perspektive rückt. In früheren Zeiten waren die Seelenkräfte des Denkens, Fühlens und Wollens noch instinktiv miteinander verbunden. Die landwirtschaftlichen und auch handwerklichen Tätigkeiten engagierten den ganzen Menschen; der naturgegebene, vom Jahreskreislauf geprägte Lebensrhythmus, durchzogen von religiösen Traditionen und Festen, verhinderte, daß sich eine abstrakte Intellektualität entwickelte. Mit der Emanzipation des Menschen von den Naturrhythmen, mit der veränderten Lebensweise und dem sich entwickelnden Selbstbewußtsein ging allmählich diese instinktive Verbindung von Wahrnehmen, gedanklicher Verarbeitung, emotionaler Betroffenheit und Handeln verloren. Je bewußter Denken, Fühlen und Wollen ergriffen werden, umso weniger verbinden sie sich naturhaft, umso mehr muß ihre Koordination von der Instanz des Ich aus erfolgen. Das bedeutet einen Zuwachs an Freiheit – soweit das Ich wirklich sinnvoll eingreift. Geschieht das nicht, drohen Abirrungen: Bei einer Verselbständigung des Willens das «Gewaltmenschentum», bei einem unergriffenen emotionalen Leben die «Gefühlsschwelgerei», bei einer Loslösung des Denkens von den anderen Seelenkräften das «kalte, lieblose Weisheitsstreben» [102].

Die Perspektiven, die Steiner angedeutet hat, sind inzwischen bedrohliche Realität geworden. Denn die Menschheit ist durch die eingangs beschriebenen gesellschaftlichen Entwicklungen unbewußt an die Schwelle herangeführt worden, das Seelenleben aus der eigenen Geistigkeit, dem Ich, heraus bewußt gestalten zu müssen. Diese Herausforderung ist noch nicht in genügendem Maße erkannt, geschweige denn ergriffen worden.

Von daher muß es als Zeitforderung erscheinen, durch spirituelle Übungswege den seelischen Einklang jeweils neu und in Freiheit wieder herzustellen; die entsprechenden Anregungen Steiners zur Konzentrations- und Willensschulung sowie zur Objektivierung des Gefühlslebens sind vielfach dargestellt worden. [103] Vor allem aber wird es notwendig sein, aus der Dissoziierung der Seelen Konsequenzen für eine zeitgemäße Erziehungspraxis zu ziehen; einige Aspekte dazu sollen im folgenden Kapitel ausgeführt werden.

3. Wege zum Zusammenspiel der Seelenkräfte

Das Problem der Disssoziierung der Seelenkräfte macht vor der Schule nicht halt: Es gibt Kinder, die einseitig intellektuell veranlagt sind, es gibt andere, die dazu neigen, spontan «aus dem Bauch heraus» zu agieren. Gerade die aktuelle Diskussion über die steigende Gewalt an Schulen macht deutlich, daß seelische Einseitigkeiten zu traurigen Alltagsrealitäten geworden sind. Da treten Schüler auch dann noch zu, wenn der Gegner am Boden liegt und sich ergibt, da beobachten andere teilnahmslos, wenn Kameraden gequält werden. Die verwissenschaftlichte Pädagogik mit ihrer vorwiegend kognitiven Orientierung hat wenig zu einer Harmonisierung der Seelenkräfte beigetragen. Inzwischen mehren sich daher die Stimmen derer, die in Anknüpfung an Pestalozzi und die Reformpädagogik eine gleichwertige Ausbildung von Kopf, Herz und Hand fordern. Der «ganze Mensch», so heißt es, müsse gebildet werden.[104] Im Ringen um die Frage, wie denn ein solches «ganzheitliches Lernen» zu praktizieren sei, kann die Waldorfschule auf die Erfahrung mit einer Fülle von Elementen zurückblicken, die vor allem der seelischen Vertiefung, der Gefühls- und Willensbildung dienen, ist ihre Begründung doch aus dem Wissen um die Gefährdung des Seelischen in der modernen Welt erfolgt.

In diesem Zusammenhang ist zunächst auf die traditionell große Bedeutung der künstlerischen und praktisch-handwerklichen Fächer zu verweisen. Von der ersten Klasse an werden Waldorfschüler übend mit den Grundelementen der Musik, des Malens und des Formenzeichnens sowie der neuen, von Rudolf Steiner entwickelten Bewegungskunst der Eurythmie vertraut gemacht; ebenso selbstverständlich erlernen Jungen und Mädchen das Stricken als erste Stufe der Handarbeit. In der weiteren Schullaufbahn weiten sich die Ansätze der Unterstufe zu einem vielfältigen Spektrum künstlerischer und praktischer Betätigungen aus: Plastizieren, Töpfern, Steinmetzen, Kupfertreiben, Schmieden, Spinnen, Weben, Schneidern und Buchbinden sind hier ebenso zu nennen wie das Einüben von Klassenspielen. Mehrwöchige Praktika in der Forst- und Landwirtschaft sowie in sozialen Einrichtungen ermöglichen dem Heranwachsenden zudem eine lebendige Begegnung mit der ihn umgebenden Lebenswirklichkeit.

Darüber hinaus ist der Jahreslauf durch zahlreiche Feste gegliedert, welche die Schulgemeinschaft zu gemeinsamen Erlebnissen einladen: der Adventsbazar, die Weihnachtsspiele, der Fasching, das Sommerfest, aber auch die Monatsfeiern. Schließlich ist der Schultag so aufgebaut, daß eine erlebnismäßige Vertiefung möglich wird: Rudolf Steiner hat 1919 eindringlich vor der konzentrationsschwächenden Wirkung gewarnt, die durch eine beziehungslose Aneinanderreihung von Einzelstunden entsteht, und hat stattdessen den «Epochenunterricht» eingerichtet, einen Blockunterricht von knapp zweistündiger Dauer, in dem über Wochen hinweg bestimmte Unterrichtsgebiete täglich behandelt werden; so wechseln Schreiben und Lesen, Heimatkunde, Geschichte und die übrigen Inhalte im Laufe eines Schuljahres einander ab.[105]

Indem somit die ersten Stunden des Tages für den Epochenunterricht reserviert sind, gewinnt der Lehrende Raum für einen rhythmischen Anfangsteil; durch die künstlerischen Tätigkeiten des Rezitierens, Singens und Musizierens werden die Schüler auf die Unterrichtsinhalte eingestimmt.[106]

So selbstverständlich die erwähnten Elemente in den Waldorfschulen normalerweise praktiziert werden, so deutlich zeigt die gegenwärtige Diskussion innerhalb der Schulbewegung, daß Traditionen hinterfragt werden:

Verliert man nicht zuviel Zeit mit dem Künstlerischen? Ist nicht manches vom sogenannten «rhythmischen Teil» verzichtbar? Sollte nicht effektiver auf die Abschlüsse hin gelernt werden? Oder umgekehrt: Ist der «normale» Waldorfunterricht noch geeignet, die Schüler zu interessieren? Müßte nicht in stärkerem Maße projektorientiert gearbeitet werden? Wäre es nicht besser, eine praktische Berufsausbildung zu integrieren, um eine größere Verbindlichkeit zu erreichen? Will man die Gefahr vermeiden, die Auseinandersetzung um solche Fragen als oberflächliche, letztlich beliebige Debatte um andere Organisationsformen zu führen, erscheint es gerade angesichts der gegenwärtigen Zeitlage geboten, die Grundlagen anthroposophischer Unterrichtsmethodik erneut zu reflektieren, auch wenn das einige Geduld erfordert und wenig spektakulär erscheint. In diesem Zusammenhang soll unmittelbar an Ausführungen Steiners angeknüpft werden, erweisen sie sich doch als direkte pädagogische Antwort auf die beschriebene Ambivalenz des Seelischen in der Gegenwart.

Nun sind im Kontext der lerntheoretischen Erwägungen zwei Unterrichtsformen zu unterscheiden: der «betrachtende» und der «selbsttätige» Unterricht.[107] Der betrachtende Unterricht schult vorwiegend die Erkenntniskräfte und beansprucht die seelisch-geistige Aktivität des Lernenden; diese Unterrichtsform herrscht in Fächern vor, die den Schüler zum Verständnis der Welt anregen: in Tier- und Pflanzenkunde, Geschichte und Literatur, Geographie, Physik und Chemie. Der selbsttätige Unterricht schult demgegenüber vor allem das Handeln und impliziert auch die körperliche Tätigkeit: Im Schreinern, Spinnen, Weben und anderen praktischen Fächern, aber auch in den Künsten wie Plastizieren, Malen und Eurythmie geht es um Weltverwandlung und Neuschöpfung. So vielfältig sich diese Unterrichtsformen nicht nur an einem Vormittag, sondern schon in einer Unterrichtsstunde mischen – im Tierkundeunterricht wird auch gemalt, im Webunterricht bespricht man auch verschiedene Textilien –, so hilfreich ist es, sie zunächst einmal idealtypisch zu unterscheiden und in ihrer Beziehung zu den Seelenkräften zu untersuchen.

Der betrachtende Unterricht

Der betrachtende Unterricht, auf den zunächst hingeblickt werden soll, sucht die selbständige Urteilsbildung der Schüler anzuregen; hier liegt traditionell die Domäne einer kognitiv orientierten Pädagogik. Ihre Vorgehensweise hat schon Goethe in seinem «Faust» persifliert, wo Mephisto dem Schüler folgenden Rat erteilt:

> «Mein teurer Freund, ich rat euch drum
> zuerst collegium logicum.
> Da wird der Geist euch wohl dressiert,
> in spanische Stiefeln eingeschnürt,

daß er bedächtiger so fortan
hinschleiche die Gedankenbahn,
und nicht etwa, die kreuz und quer,
irrlichteliere hin und her.»

Worauf Goethe hier anspielt, ist die Logik des Aristoteles, die nicht nur den neuzeitlichen Wissenschaftsbetrieb, sondern auch – vielfach unreflektiert – die pädagogische Praxis geprägt hat. Entscheidend sind in diesem Zusammenhang die bewußten Denkoperationen, sie entstehen aus der Verknüpfung von drei Elementen: dem Begriff, dem Urteil, dem Schluß. Was bezeichnen diese Elemente und worin besteht die pädagogische Wirkung ihrer Verknüpfung?

Der Begriff umreißt bei Aristoteles, «was etwas ist», er ist immer allgemein und deutet, vermittelt durch das Wort, auf einen bestimmten Bereich des Seins: der Löwe, der Mensch, die Zahl. Wissenschaftlich brauchbar ist für Aristoteles allerdings erst der kunstgerecht gebildete Begriff: die Definition. Dabei wird ein Wesen oder Gegenstand durch den Gattungsbegriff und die Angabe der artbildenden Differenz eindeutig bestimmt. Wenn ich sage: «Der Mensch – ein vernunftbegabtes Lebewesen» oder: «Drei – die erste ungerade Zahl» habe ich den Allgemeinbegriff durch eine weitere Bestimmung so festgelegt, daß er sich von allem anderen Seienden eindeutig unterscheidet.

An die Definition schließt sich nun das Urteil an, durch das zwei Begriffe miteinander verbunden werden.

Die Sätze: «Diese Nelke ist rot» oder «Diese Nelke blüht» treiben, indem sie Aussagen über die Wirklichkeit machen, bejahend oder verneinend, allgemein oder speziell, den Erkenntnisprozeß voran.

Das Herzstück der aristotelischen Logik allerdings ist der Syllogismus: die Lehre vom Schluß. Diese logische Operation verknüpft drei Begriffe so miteinander, daß eine notwendige «Conclusio» entsteht: Der Syllogismus ist eine Gedankenverbindung, in der, wenn etwas gesetzt ist, etwas anderes durch das Gesetzte notwendig folgt, und zwar dadurch, daß das Gesetzte ist.

Das klassische Beispiel des sterblichen Sokrates mag diese Aussage verdeutlichen.

Allgemeiner Obersatz:	Alle Menschen sind sterblich.
Spezieller Mittelsatz:	Sokrates ist ein Mensch.
Notwendige Folge:	Also ist Sokrates sterblich.

Eine solche Logik ist glaskar, messerscharf und unangreifbar; sie schult den abstrakten Intellekt. Wird allerdings nur diese Seite des Seelischen entwickelt, so drohen die Einseitigkeiten gefühlloser Sophistik, analytischen Zergliederns der Welterscheinungen und indifferenter, distanzierter Betrachtung; der Mensch bleibt im Banne des apokalyptischen «Tieres vom Lande», das in der Schülerszene von Goethes «Faust» in der Gestalt des Mephisto erscheint. Will man diese Einseitigkeit schon in der pädagogischen Theoriebildung vermeiden, so gilt es, den Blick auf den realen Erkenntnisvorgang zu lenken. Spielen hier nicht andere, prä-logische Elemente eine entscheidende Rolle? Geht etwa für ein Kind, das im Zoo zum ersten Mal einen Löwen sieht, die Erkenntnis aus vom Begriff? Muß nicht der Begriff des Löwen über Wahrnehmungs- und Urteilsprozesse erst aufgebaut werden? Erlebt das Kind zunächst nicht ein erschreckendes gelbes Etwas, das sich bewegt und brüllt?

Eine eindrückliche Schilderung einer solchen vorbegrifflichen, «reinen» Erfahrung hat Kaspar Hauser gegeben, der einem Verbrechen zum Opfer fiel, im Alter von drei bis fünfzehn Jahren in einem dämmrigen Verlies gehalten und dann am Pfingstmontag des Jahres 1828 in Nürnberg freigelassen wurde. Da Kaspar Hauser in seiner Kindheit keine Gelegenheit gehabt hatte, die Sinneswelt mit Begriffen zu durchziehen, zu ordnen und zu konturieren, erschien sie ihm zunächst bedrängend intensiv in ihrer Farbigkeit und Vielfalt.

Als Anselm von Feuerbach, der Gerichtspräsident von Ansbach, ihn aufforderte, aus dem Fenster eines Burgturmes zu sehen, fuhr er daher, wie Feuerbach berichtet, «sogleich mit sichtbarem Abscheu wieder zurück, indem er ausrief: garstig, garstig!» Auf Nachfrage hin erläuterte Kaspar Hauser später seine Erfahrung: «Ja freilich, antwortete er mir, war das sehr garstig, was ich damals sah. Wenn ich nach dem Fenster blickte, sah es mir immer so aus, als wenn ein Laden ganz nahe vor meinen Augen aufgerichtet sei, und auf diesem Laden habe ein Tüncher seine verschiedenen Pinsel mit weiß, blau, grün, gelb, rot, alles bunt durcheinander ausgespritzt. Einzelne Dinge darauf, wie ich die Dinge jetzt sehe, konnte ich nicht erkennen und unterscheiden. Das war denn gar abscheulich anzusehen. Dabei war es mir ängstlich zumute, weil ich glaubte, man habe mir das Fenster mit dem buntscheckigen Laden verschlossen, damit ich nicht ins Freie sehen könnte. Daß das, was ich so gesehen, Felder, Berge, Häuser gewesen, daß manches Ding, das mir damals größer vorkam als ein anderes, viel kleiner sei als dieses, manches große viel kleiner als ich es sah, davon habe ich mich erst später auf meinen Spaziergängen ins Freie überzeugt. Endlich habe ich nichts mehr von dem Laden gesehen.» [108]

Das erste, elementarste Element des Erkenntnisprozesses ist, so zeigt das vorangehende Beispiel, nicht der Begriff, sondern der «Anschluß» an die Wahrnehmungswelt. In diesem Sinn hat Rudolf Steiner pointiert von der Notwendigkeit einer Umkehrung der aristotelischen Logik gesprochen. Denn das erste sei der «Schluß» – im Sinne eines «Anschließens» an die Wahrnehmung. Dann folge als zweites Element das Urteil. Mit «Urteil» ist in diesem Kontext nicht die Verbindung von zwei Begriffen, sondern der vorbewußte Vorgang des Wahrnehmungsurteils, der Verbindung eines Sinneseindrucks mit einem Gattungsbegriff, gemeint. Das Kind erfährt, um das Beispiel einer ersten Begegnung mit dem Löwen aufzugreifen: Das gelbe Etwas, das sich dort bewegt und brüllt, ist kein Stein (der würde sich nicht bewegen), ist auch keine Pflanze (die würde nicht brüllen), sondern ein Tier. Am Ende erst stehe der bewußte, individualisierte Begriff: «Löwe».

Im neunten Vortrag der «Allgemeinen Menschenkunde» findet sich der angedeutete Sachverhalt wie folgt formuliert: «Denken Sie sich, Sie gehen in eine Menagerie und sehen dort einen Löwen ... Sie haben im Leben gelernt, ehe Sie in die Menagerie gegangen sind, daß solche Wesen, die sich so äußern wie der Löwe, den Sie jetzt sehen, ‹Tiere› sind. Was Sie da aus dem Leben gelernt haben, bringen Sie schon mit in die Menagerie. Dann schauen Sie den Löwen an und finden: Der Löwe tut eben auch das, was Sie bei den Tieren kennengelernt haben. Dies verbinden Sie mit dem, was Sie aus der Lebenserkenntnis mitgebracht haben, und bilden sich dann das Urteil: Der Löwe ist ein Tier. – Erst wenn Sie dieses Urteil sich gebildet haben, verstehen Sie den einzelnen Begriff ‹Löwe›. Das erste, was Sie ausführen, ist ein Schluß;

das zweite, was Sie ausführen, ist ein Urteil; und das letzte, wozu Sie im Leben kommen, ist ein Begriff.» [109]

So scharf Rudolf Steiner den Ansatz seiner Logik der auf Aristoteles zurückgehenden wissenschaftlichen Vorgehensweise entgegensetzt, so deutlich wird nach einiger Überlegung, daß sich die logischen Schritte nicht ausschließen, sondern ergänzen: Rudolf Steiner fügt zur Logik der bewußten Denkoperationen eine Logik des Unbewußten hinzu – und gerade die ist für die Pädagogik entscheidend.

Denn anthroposophische Unterrichtsmethodik geht nicht aus vom Begriff, sondern von einem möglichst vielseitigen, lebendigen Bild des zu behandelnden Phänomens – der entsprechende Begriff wird dann im Unterrichtsgespräch mit den Schülern erst entwickelt. Ein konkretes Beispiel mag, da gerade auf diesem Felde in der Praxis immer wieder Unsicherheiten zu bemerken sind, die einzelnen methodischen Schritte und ihre pädagogische Wirkung verdeutlichen. Nehmen wir an, im Geschichtsunterricht einer 8. Klasse wird der Absolutismus behandelt. Ein Lehrer, der einem kognitiven Ansatz folgt – und der ist trotz einer angeregten geschichtsdidaktischen und -methodischen Diskussion [110] noch nicht völlig überwunden –, wird mit einer Definition beginnen, wie sie sich zumeist in etwas älteren Schulbüchern findet: «Nach der Auffassung, daß die königliche Gewalt unumschränkt, absolut, sei, nennt man die von Ludwig XIV. ausgeübte und dann von vielen Fürsten nachgeahmte Regierungsform absolute Monarchie. Kennzeichnend für den Absolutismus ist, daß alle Gewalt im Staate allein dem rechtmäßigen Herrscher zusteht und von ihm ausgeht.» [111]

Anders das Vorgehen im Unterricht einer Waldorfschule. Hier wird es zunächst darum gehen, durch die möglichst plastische Schilderung einzelner Szenen, Abläufe und Gestalten ein facettenreiches Bild dieser komplexen historischen Erscheinung so zu malen, daß die Schüler Lust bekommen, in das Geschilderte erlebnismäßig einzutauchen. Zur Veranschaulichung sei eine besonders eingängige Szene herausgegriffen: die Weckzeremonie unter Ludwig XVI.

Die Darstellung kann ihren Ausgang nehmen von einer detaillierten Beschreibung des Schlosses von Versailles, um dann vielleicht so fortzufahren: Die Parkettböden der Galerien spiegeln die fröhlichen Fresken des Deckengewölbes wider, durch die großen Rundbogenfenster flutet das Licht herein und bricht sich in den Spiegeln der gegenüberliegenden Wände. Durch diese festlichen Galerien schreitet allmorgendlich eine Prozession von Pagen, Dienern und Lakaien, Comtessen, Marquisen und Baronessen, von Herzögen, Äbten, Bischöfen und Ministern – ein funkelnder Aufzug des Adels der Nation. An der Galerie, welche zu den persönlichen Gemächern seiner Majestät, des Königs, führt, beginnt das Herrschaftsgebiet des Großkämmerers Herrn de Brezé, und es ist nur eine galante Geste von ihm, wenn er einer der Damen den Vortritt läßt. Plaudernd und lachend folgen die Herrschaften nach. Vor der Tür des Schlafzimmers wartet bereits eine zweite Gesellschaft, die diesen geheiligten Ort auf einem anderen Wege erreicht hat; es handelt sich um das Gefolge des Großmeisters der Garderobe: um die Schneider, Perückenmacher, Wäscherinnen, Büglerinnen, Laternenanzünder und Barbiere, kurz, um all diejenigen, welche die Auszeichnung genießen, seiner Majestät persönlich zu dienen.

Monsieur de Brezé stößt mit seinem Elfenbeinstab, an dessen Spitze ein faustgroßer Saphir funkelt, zweimal auf das Parkett – von unsichtbaren Händen geöffnet, schwingen die goldüberzogenen Türflügel des königlichen Schlafgemaches auf. Alle Blicke richten sich auf die gegenüberliegenden Wände, wo auf einem hohen Podest unter einem Baldachin das Bett des Königs steht. Seine Majestät ruht in einem weißseidenen Nachthemd unter einer bestickten Daunendecke. Ludwig XVI. wirkt, obwohl er erst 34 Jahre alt ist, ziemlich behäbig. Sein gutmütiges, noch ein wenig verschlafenes Gesicht mit den hängenden Augenlidern und dem Ansatz eines Doppelkinns ist alles andere als majestätisch; die dünnen Haare hängen ungepudert und strähnig herab. Die Hofgesellschaft versinkt in einer tiefen Verbeugung und entbietet den Morgengruß, den der König gnädigst erwidert.

Nun beginnt die Morgentoilette und Bekleidungszeremonie, die sich bis um elf Uhr hinzieht; sie kann mit parodistischem Geschick detailliert und humoristisch geschildert werden, wobei nicht unerwähnt bleiben sollte, daß der König sich schließlich nach dem Tagesprogramm erkundigt und sehr froh ist, daß nur ein Schäferspiel am Abend im Trianon geplant ist – hat er doch auf diese Weise Zeit, ein wenig seiner Liebhaberei – dem Schlosserhandwerk – nachzugehen.

Nach einer solchen oder ähnlichen Schilderung genügt zumeist schon eine knappe Frage wie etwa: «Was fällt euch da auf?», um Schülerreaktionen hervorzulocken; von ihnen ausgehend bietet sich die Möglichkeit, das Herrschaftssystem des Absolutismus von verschiedenen Gesichtspunkten aus zu charakterisieren. Zunächst wird bemerkt werden, wie verschwenderisch die ganze Hofhaltung gewesen sein muß, wenn schon das Wecken so aufwendig war: Rund zwanzigtausend Menschen umfaßte der Hofstaat, die Kosten entsprachen dem zehnten Teil des Jahreseinkommens der französischen Nation.

Wirft man sodann die Frage auf, woher das Geld wohl kam, gerät die soziale Ungerechtigkeit in den Blick. Adel und Klerus waren von Abgaben befreit, die Steuerpflicht lastete auf den Schultern des «dritten Standes» der Bürger und Bauern, dem 98 % der Bevölkerung zuzurechnen waren. Die vorrevolutionäre französische Gesellschaft erscheint als Pulverfaß: Die arbeitenden Schichten hatten keinerlei politische Rechte, während die parasitären Gruppen Privilegien wie die Steuerbefreiung, die grundherrliche Gerichtsbarkeit, das alleinige Jagdrecht genossen. Der König aber, darin liegt ein weiterer Aspekt, der sich aus der Schilderung der Weckzeremonie ableiten läßt, war gänzlich ungeeignet, den dringend notwendigen Wandel einzuleiten: Gutmütigkeit und guter Wille können geistige Kompetenz nicht ersetzen.

Zwei methodische Schritte, die Darstellung und Charakterisierung, sind damit angedeutet worden; der dritte Schritt der Begriffsbildung sollte sich nun nicht unmittelbar anschließen, sondern erst am nächsten Tag erfolgen, bietet doch der an Waldorfschulen praktizierte Epochenunterricht die Möglichkeit, eine Thematik über mehrere Tage hinweg vertiefend zu behandeln. So kann, wenn beispielsweise die Darstellung und Charakterisierung am Dienstag stattgefunden haben, am Mittwoch im Unterrichtsgespräch versucht werden, einen ersten Begriff des Absolutismus herauszuarbeiten; er wird sich eng an die behandelten Phänomene anlehnen und von den Schülern vielleicht folgendermaßen umrissen werden: Der französische Absolutismus war ein verschwenderisches Herrschaftssystem, das auf einer ungerechten Ständeordnung beruhte; an der Spitze des Staates stand ein König, der mit uneingeschränkter Macht regierte.

Ein solcher Begriff ist keine Definition, es wäre verfehlt, ihn auswendig zu lernen und damit vorzeitig formelhaft erstarren zu lassen. Vielmehr soll er gemäß den sich vermehrenden Kenntnissen und intellektuellen Fähigkeiten der Schüler wachsen dürfen – bis in die Oberstufe hinein, wo dann durch einen Vergleich mit verwandten Erscheinungen an einer Ausweitung des Begriffs gearbeitet werden kann.

Ein solches Wachstum ist in verschiedene Richtungen denkbar. Es ist möglich, den Begriff geographisch auszuweiten, indem nicht nur der französische, sondern auch der deutsche und russische Absolutismus behandelt und ihre jeweiligen Unterschiede sowie die Differenzen zur englischen Entwicklung besprochen werden. Es ist darüber hinaus fruchtbar, den Begriff kulturell zu vertiefen. Der Absolutismus läßt sich dann begreifen als Ausdruck einer Zeitgeistigkeit, die sich nicht nur auf politischem Felde auswirkt: Auch in der Zentralperspektive und der Architektur, sogar in der Philosophie des 17. Jahrhunderts wird die Tendenz sichtbar, ein «Ich» in den Mittelpunkt zu stellen. Wird nun dieses Selbstbewußtsein demokratisiert, droht eine Revolution – das reale historische Geschehen wird in seiner geistesgeschichtlichen Stringenz erfaßt.

Eine weitere Möglichkeit, den Begriff wachsen zu lassen, bietet die chronologische Ausdehnung. Gab es im alten ägyptischen Reich auch so etwas wie Absolutismus? Oder: Waren Gestalten wie Hitler und Stalin nicht auch absolute Herrscher? Wie steht es mit Politikern der Gegenwart? Solche Fragestellungen fordern auf, Bezüge und Differenzen herauszuarbeiten. Zwar gab es auch in Ägypten einen Alleinherrscher, den Pharao, doch war der durch eine spirituelle Schulung auf sein Amt vorbereitet und religiös legitimiert, während der religiöse Hintergrund im abendländischen Absolutismus zur Ideologie verblaßt war. Denn wie sonst läßt sich erklären, daß im Versailler Schloß das Schlafzimmer des Königs das Zentrum der Gesamtanlage bildete, während die Schloßkapelle in einen Seitenflügel verbannt war? War der Absolutismus folglich so etwas wie eine «Theokratie ohne Eingeweihte»?

Ebenso kann der Blick auf das 20. Jahrhundert zu einem interessanten Vergleich führen. Auch Hitler und Stalin waren absolute Herrscher, aber sie waren es – im Unterschied zu den absoluten Königen des 17. und 18. Jahrhunderts – nicht aufgrund einer Erbfolge. Läßt sich der Absolutismus vielleicht als «Diktatur qua Geburt» verstehen?

Die Andeutungen mögen genügen, um aufzuzeigen, worauf es bei der Begriffsbildung ankommt: nicht starre Stereotype zu vermitteln und als totes Wissen speichern zu lassen, sondern einen lebendigen Gedankenprozeß anzuregen, der den Begriff einerseits eng an die Erfahrung anschließt und ihn andererseits so lebendig hält, daß durch ihn ein Verständnislicht auf scheinbar weit auseinanderliegende Lebensgebiete fallen kann. Genau dieses Einüben von Denkwegen aber erscheint als Herausforderung an die Pädagogik in einer Zeit, in der die Verfügung über abrufbare Information getrost dem Computer überlassen bleiben kann. Schule ist heute nicht aufgerufen, so formuliert es Hartmut von Hentig, die Flucht «aus dem Denken ins Wissen» [112] zu unterstützen, sie ist im Gegenteil gefordert, übend bewußtzumachen, daß «zum Denken auch das Verstehen und Zweifeln und Fragen und Nachdenken gehören» [113].

Im Umsetzen dieses Postulats kann der von Rudolf Steiner angeregte methodische Dreischritt eine Hilfe sein, führt er doch aus der Abstraktion heraus und in ein wirkliches Erleben der Weltinhalte hinein. Die menschenkundliche Bedeutung eines solchen Ansatzes für die Gegenwart kann noch klarer werden, wenn man sich, über das Beispiel hinausgehend, vergegenwärtigt, welche Seelenkräfte die einzelnen methodischen Schritte herausfordern.

Zunächst wird es immer darum gehen, die Schüler so an eine bestimmte Welterscheinung «anzuschließen», daß sie ganzheitlich engagiert sind. Das kann entweder durch eine plastische Schilderung geschehen oder – etwa im Physik- und Chemieunterricht der Mittelstufe – durch die Wahrnehmung eines Phänomens oder Experiments: Im Beobachten und räumlich-zeitlichen Vorstellen werden die Denk- und Willenskräfte beansprucht, gleichzeitig schwingt im Anklingen von Sympathie und Antipathie das Fühlen mit.

Nachdem auf dieser ersten Stufe, vorausgesetzt natürlich, der Unterricht «kommt an», der ganze Mensch angesprochen worden ist, gilt es, im Anschluß die Eindrücke anfänglich so bewußtzumachen, daß Raum gegeben wird, die Gefühle zu äußern, die sich angesichts des behandelten Phänomens eingestellt haben. Dieser Cäsar war ja wohl von Ehrgeiz besessen, als er den Rubikon überschritten hat! Erstaunlich, daß wir die zwei Halbkugeln aus Kupfer nicht auseinanderreißen konnten, nachdem die Luft herausgepumpt worden war! Wenn Schwefel schon bei so geringer Hitze brennt, dann muß es mit dem Feuer verwandt sein! Im Charakterisieren der Welterscheinungen, dem zweiten methodischen Schritt, lebt vorzugsweise das Fühlen. Erst auf der dritten Stufe am folgenden Tag, dem Erarbeiten der physikalischen und chemischen Gesetzmäßigkeit oder der Intention einer historischen Gestalt, sind vor allem die denkerischen Fähigkeiten gefordert. Dabei trägt anthroposophische Pädagogik der Tatsache Rechnung, daß durch den Schlaf die aufgenommenen Eindrücke «verdaut» worden sind und sich objektiviert haben.[114] Im denkerischen Durchdringen der, wie es Steiner ausdrückt, «geistigen Photographien des am vorigen Tage Mitgemachten im Kopfe»[115] wird die Welterscheinung zum geistigen Eigentum, die Kluft zwischen Mensch und Welt überbrückt. Nicht das Akkumulieren von Kenntnissen, das ist als Resultat der vorangehenden Überlegungen festzuhalten, ist das Ziel der betrachtenden Fächer, sondern das Verwandeln des Menschen, das Veranlagen einer Erkenntnishaltung, die den Denkwillen am Weltinteresse und der Liebe zum Phänomen entzündet und somit nicht nur eine Angelegenheit des Kopfes, sondern des ganzen Menschen ist.

Der selbsttätige Unterricht

Der selbsttätige Unterricht dient dem gleichen Ziele einer Verbindung der Seelenkräfte, nur unter umgekehrten Vorzeichen: Den Ausgangspunkt bildet die Betätigung des Willens, zunächst ganz elementar in einer körperlichen Tätigkeit. Doch wird schon bei einem relativ einfachen Arbeitsvorgang wie dem Treiben eines Metalls rasch deutlich, daß sich der Wille nicht impulsiv ausleben darf, wenn die gestellte Aufgabe gelöst werden soll: Gesteigerte Aufmerksamkeit, eine «ruhige Hand», die richtige Körperhaltung, Beherrschung der eigenen Bewegung, Ausdauer und Geduld sind Voraussetzungen des Gelingens. Sobald der Wille zielgerichtet eingesetzt wird, sind Denken und Fühlen immer einbezogen: Die einzelnen Arbeitsschritte müssen ge-

plant werden, und es entwickelt sich ein differenziertes Materialge-
fühl, völlig anders bei der Bearbeitung von Kupfer als etwa von Holz.
Nun macht Rudolf Steiner, ähnlich wie bei der Logik auf dem Be-
wußtseinsfelde, auch beim Willensprozeß auf einen normalerweise
unbewußt bleibenden Faktor aufmerksam: Jede Tätigkeit wirkt nicht
nur auf die Außenwelt, sondern auch zurück auf das Seelenleben des-
jenigen, der handelt. Denn erstens werden Fähigkeiten ausgebildet,
zweitens wird eine zukunftsorientierte Dynamik in Gang gesetzt: Aufmerksame Seelenbeobachtung lehrt, daß nach ausgeführter Tat vielfach der Wunsch auftaucht, die Handlung in Zukunft besser oder zumindest anders auszuführen. Und zumeist ist mit diesem Wunsch
sogar ein Bild verbunden, wie man anders handeln könnte, ein Bild,
das zu Vorsatz und Entschluß führen kann. Rudolf Steiner hat im vierten Vortrag der «Allgemeinen Menschenkunde» auf diese normalerweise unbewußte Dimension der Seele als auf einen Raum verwiesen,
in dem der «zweite», zukunftsorientierte Mensch lebt: «In jedem Menschen sitzt unten, gleichsam unterirdisch, der andere Mensch. In diesem anderen Menschen lebt auch der bessere Mensch, der sich immer
vornimmt, bei einer Handlung, die er begangen hat, in einem ähnlichen Falle die Sache das nächste Mal besser zu machen, so daß immer
leise mitklingt der Vorsatz, der unbewußte, unterbewußte Vorsatz, eine
Handlung in einem ähnlichen Falle besser auszuführen.» [116]
Wie kann dieser Keim, der in jeder sinnvollen Willensbetätigung
lebt, zur Entfaltung gebracht werden? Aus den vorangehenden Betrachtungen ergibt sich, daß dies nicht auf dem Wege des Intellekts,
etwa durch Ermahnung oder Belehrung, geschehen kann, sondern
über das Tun selbst, genauer: über das sich wiederholende Tun. Wenn
im Werkunterricht ein Eisen zu formen ist, wenn im Schreinern ein
Brett abgehobelt wird, wenn im Eurythmieunterricht an der Aufgabe
gearbeitet wird, ein Musikstück durch Bewegung auszudrücken: immer handelt es sich um den Willensakt des Übens, und der vollzieht
sich im Medium der Wiederholung.
Dabei ist es von entscheidender pädagogischer Bedeutung, auf den
tief unbewußten Charakter der Willenskräfte aufmerksam zu werden.
Insofern der Wille zunächst an den Leib gebunden ist und in allen
Stoffwechselprozessen lebt, die mit einer Handlung verbunden sind,

liegt er unter der Schwelle des Wachbewußtseins. Daher wirken gerade willensstarke Kinder zunächst oft unaufmerksam und verträumt. Doch kann dieser schlafende Wille in der weiteren biographischen Entwicklung allmählich aufwachen und sich auch zum Denkwillen entfalten, hat doch – um eine Aussage Rudolf Steiners aus dem sechsten Vortrag der «Allgemeinen Menschenkunde» aufzugreifen – «alles Schlafen ... dem Lebensrhythmus gemäß die Tendenz, nach einiger Zeit aufzuwachen»[117]. Damit ist die Betrachtung bei einem zentralen Gesichtspunkt angelangt; er betrifft die Funktion und den Zusammenhang von betrachtendem und selbsttätigem Unterricht. In beiden Unterrichtsformen, so konnte gezeigt werden, geht es um die Harmonisierung der Seelenkräfte und die Stärkung des Willens, und oftmals stellt die Differenzierung des leibgebundenen Willens, wie sie etwa im praktisch-handwerklichen Unterricht gepflegt wird, eine Voraussetzung dar für die Entfaltung des Denkwillens. Doch gilt auch umgekehrt, daß ein ausgebildetes Urteilsvermögen sich positiv auf das praktische Handeln auswirkt: Weltverständnis und Weltveränderung steigern einander. Eine solche Einsicht sollte Eltern und Lehrende davor bewahren, das Heil entweder von einem gymnasialen Curriculum oder der Installation von Maschinenparks im Rahmen einer berufsqualifizierenden Ausbildung zu erwarten. Wenn betrachtende und eigentätige Unterrichtsformen gegeneinander ausgespielt werden, droht die Gefahr seelischer Einseitigkeit. Zeitgemäß erscheint vielmehr das Ringen um die Frage, wie beide Unterrichtsformen einander noch stärker befruchten können.

Ein Beispiel mag die forschende Phantasie anregen. Rudolf Steiner weist in einem Vortrag vom 12. Juni 1921 auf die potentielle Wirkung einer historischen Schilderung hin. Was geschieht, wenn es gelingt, eine Gestalt wie Cäsar dem Kinde so nahezubringen, «daß es gewissermaßen ihn nicht nur nachmalt, sondern in der Phantasie nachmodelliert»[118]? Die plastischen Kräfte werden angeregt, und eine solche innere Belebung wird nicht ohne Auswirkung auf verwandte körperliche Tätigkeiten bleiben: «... Schickt man es dann ... in den Handwerksunterricht, dann können Sie sicher sein, dann wird es besser stricken, als es ohne den Cäsar gestrickt hätte.»[119] Doch gilt auch andererseits, daß die Phantasiekräfte, mit denen der Geschichtslehrer arbeitet, eine belebte, durchseelte Körperlichkeit voraussetzen, wie sie etwa durch eine kontinuierliche Pflege des Singens veranlagt werden kann.

Eine solche wechselseitige Ergänzung der Fächer entsteht im Schulleben auf vielfältige Weise: zwischen Turnen und Eurythmie und der Mathematik, dem Malen und der physikalischen Farbenlehre oder der Tier- und Pflanzenkunde, der Musik und der Akustik, dem Rezitieren und dem Deutschunterricht. Gerade unter einem solchen Aspekt erscheint es geboten, sich die große Bedeutung des rhythmischen Anfangsteils immer stärker bewußtzumachen: Das tägliche Musizieren, Singen oder Rezitieren greift nicht nur tief in die Gefühls- und Willensorganisation ein, sondern kann zudem ein künstlerisches und kulturelles Interesse veranlagen, das bis in ein hohes Lebensalter hinein fortwirkt.

Weiterhin ergibt sich aus der Einsicht in die gegenseitige Befruchtung des theoretischen und künstlerisch-praktischen Unterrichts die Konsequenz, bis hin zur Abiturvorbereitung beide Elemente zu pflegen: Durch das Angebot von Eurythmie-, Chor- oder Orchester-Arbeitsgemeinschaften kann auch die «heiße» Prüfungsphase menschengemäßer gestaltet werden. Schließlich scheint mir eine gewisse Skepsis angebracht gegenüber aktuellen Versuchen, auch Fächer wie Eurythmie und Turnen epochenweise zu unterrichten. Gehen damit nicht hygienisch-therapeutische Wirkungen verloren, die den gesamten Schulalltag durchziehen sollten?

Die Durchdringung der Fächer – Projekte und Praktika

Die Ergänzung der Fächer bildet einen zeitgemäßen pädagogischen Ansatz, ihre gegenseitige Durchdringung einen anderen. Ausgewählte Projekte bieten die Chance, handwerkliches Geschick, künstlerische Ausdrucksmittel und gedankliche Tätigkeit in einer Unternehmung zu vereinen. Wenn schon in der Klassenlehrerzeit bei der Behandlung des Ackerbaus auch wirklich gepflügt, gesät und geerntet und beim Besprechen der Seßhaftwerdung tatsächlich ein Haus gebaut wird, so leistet das ebenso einen pädagogischen Beitrag zur Gesundung der Gegenwartsverhältnisse wie etwa Klassenexkursionen oder die Gestaltung eines Cafés beim Sommerfest.

Exemplarisch soll in diesem Zusammenhang auf die herausragende Bedeutung des Schauspiels für die gesunde Integration der Seelenfähigkeiten hingewiesen werden.[120] Was wird bei jedem Rollenstudium erübt? Einerseits, die seelischen Empfindungen einer Person so echt zu erleben, daß eine entsprechende Geste erfolgt, andererseits die Sprache durch die rechte Betonung und Phrasierung so zu führen, daß die mitgeteilten Gedanken aufleuchten können: Das Bemühen um den Einklang von Bewegung, Sprache und Denken lebt in jeder schauspielerischen Aktivität.

Zudem bietet ein Theaterprojekt die Chance, Fähigkeiten, die in den verschiedensten Fachgebieten erworben wurden, zu einem «Gesamtkunstwerk» zu vereinen: vom Entwerfen und Schneidern der Kostüme über die Gestaltung des Bühnenbildes und der Kulissen bis hin zur Beleuchtung und dem Ausarbeiten eines Programmheftes. Wesentlich ist hier auch die Erfahrung, daß viele Einzelleistungen zusammenströmen müssen, damit ein Unternehmen gelingen kann.

Diese Verbindung von Selbständigkeit und Bereitschaft zur Kooperation kann auch bei den traditionellen Jahresarbeiten der 12. Klasse gepflegt werden, wenn von den beratenden Lehrern die Möglichkeit eingeräumt und sogar empfohlen wird, die individuelle Initiative in eine Teamarbeit einzugliedern. Das kann beispielsweise im Rahmen einer Eurythmieaufführung geschehen, bei der verschiedene Einzelbeiträge aufeinander bezogen sind, oder bei einem Projekt, wie es etwa von der Überlinger Waldorfschule berichtet wird, wo drei Schüler der 12. Klasse gemeinsam an die Herstellung eines Spiegelteleskops gingen: «Jeder hatte sein eigenes Aufgabengebiet: Spiegelherstellung, Rohrbau und Mechanik, mußte aber die eigene Arbeit mit den anderen sehr exakt abstimmen. Eine gemeinsame Planung ging voraus und verlangte für die Erstellung der notwendigen Konstruktionspläne eine gründliche Einarbeitung in die Theorie des Fernrohrbaus. Zur Koordinierung der Arbeit fanden zusammen mit dem Projektbetreuer regelmäßige wöchentliche Sitzungen statt.»[121] Solche und ähnliche Projekte schulen eine Haltung, die gerade im Hinblick auf technische Innovationen immer notwendiger wird: Teamfähigkeit an die Stelle von Konkurrenzdenken zu setzen.

Auch für das Gelingen der Praktika in der Forst- und Landwirtschaft, einem Industriebetrieb, Altersheim, Kindergarten oder in der Heilpädagogik hat es sich als entscheidend erwiesen, an der Harmonisierung der Seelenkräfte zu arbeiten und die oft starken Gefühlseindrücke durch regelmäßige Reflexion, einerseits individuell durch Tagesprotokolle in einem Bericht, andererseits durch die Auswertung mit den Betreuern, auf eine andere Ebene zu heben. Gerade die weitere Ausgestaltung solcher Erfahrungen sollte nicht vernachlässigt werden, realisiert sich doch in ihnen eine Tendenz, die besonders für die Oberstufenpädagogik an Bedeutung noch zunehmen wird: Die Schule wird sinnvollerweise manche ihrer Tätigkeiten an das Leben zurückgeben; die Grenzen zwischen Lernen in der Schule und Lernen am Leben werden sich verwischen.[122]

So notwendig gegenwärtig die Weiterentwicklung von Praktika und Projekten auch erscheint, so wichtig ist andererseits die lebendige Ausgestaltung des schon skizzierten methodischen Dreischritts in den betrachtenden Fächern. Verschiedenste Variationen sind hier denkbar. So ist es manchmal sinnvoll, Schüler einzelne Darstellungsteile übernehmen zu lassen, damit sie das freie Sprechen üben. Oder es können an ausgewählten Stellen Bilder, Quellentexte, Tonmitschnitte oder gegebenenfalls auch Filme eingesetzt werden, um einen Sachverhalt oder eine Gestalt stärker erlebbar werden zu lassen. Auch Gruppenarbeit, etwa beim Auswerten verschiedener Texte und dem Berichten über die erzielten Ergebnisse, kann hilfreich sein, um die «Schweiger» einer Klasse stärker zu aktivieren.[123] In diesem Zusammenhang unverrückbare Regeln aufstellen oder Rezepte geben zu wollen, wäre grundverkehrt – jede methodische Maßnahme wird sich aus dem Beobachten ihrer Wirkung und den Notwendigkeiten der Klassensituation sowie der menschenkundlichen Begründung zu ergeben haben; ob sie fruchtbar ist, hängt in erster Linie von der fachlichen Kompetenz und erziehungskünstlerischen Fähigkeit des Lehrenden ab.

Damit ist der zentrale Punkt für die Harmonisierung der Seelenkräfte angesprochen: Durch alle Fächer hindurch gilt es, den Unterricht als künstlerischen Prozeß auszugestalten, der im lebendigen Wechsel von Anspannung und Entspannung, von Humor und Ernst, von Schüler- und Lehreraktivität lebt und alle Beteiligten ganzheitlich fordert und fördert. Wie bedrohlich brutalisierend unkünstlerischer

Unterricht wirken kann, hat die Erfahrung des amerikanischen Lehrers Ross gezeigt, die sich in dem Büchlein «Die Welle» von Morton Rhue geschildert findet. Es lohnt sich, den Inhalt zur Kenntnis zu nehmen.

Mr. Ross bespricht mit seinen jugendlichen Schülern das Aufkommen des Nationalsozialismus in Deutschland. Ihre Reaktion: Bei uns könnte sich ein solches Geschehen niemals ereignen. Der Lehrer entschließt sich darauf, ein Experiment zu machen. Als die Klasse am nächsten Morgen erscheint, steht an der Tafel der Satz: «Macht durch Disziplin». Das Erstaunen seiner Schülerinnen und Schüler aufgreifend, entwickelt Mr. Ross nun im Unterrichtsgespräch die Bedeutung disziplinierten Übens – etwa im Sport – für den Erfolg und schlägt ein Spiel vor: Die Klasse solle sich vor dem Unterricht aufstellen und auf Befehl geordnet auf die Plätze gehen, jeder solle aufrecht sitzen, die Antworten sollen stehend und knapp gegeben werden, sie sollen eingeleitet werden durch die persönliche Anrede des Lehrers. Schülerinnen und Schüler sind einverstanden. Der Unterricht läuft ab wie am Schnürchen: Die Klasse marschiert geordnet ein, der Nationalsozialismus wird behandelt. Eine knappe Frage – ein Schüler springt auf, nennt den Namen des Lehrers und rattert die Antwort herunter, Gelegenheit zu Reflexion oder Differenzierungen gibt es nicht. So die ganze Stunde hindurch. Am Ende steht – gerade bei willensstarken Jungen – das Gefühl: Endlich ist mal was los! Endlich ist Zug in diesem Laden!

Der Lehrer entschließt sich darauf zu einem weiteren Schritt. Am nächsten Tag ist der Satz: «Macht durch Gemeinschaft» an die Tafel geschrieben. Auch die Berechtigung dieser Aussage wird besprochen. Man einigt sich auf Lieder, Sprüche und das Zeichen einer Welle als Symbol der Gemeinschaft, kann doch das stetig bewegte Wasser jeden Widerstand brechen. Im übrigen verfährt man wie am Vortag, nur wird der Ablauf der Stunde noch ergänzt durch das Rezitieren der gewählten Sprüche, das Absingen der Lieder und die gemeinsame Geste der Welle, geformt durch die rechte Hand unterhalb der Herzgegend. Wieder Begeisterung bei den meisten! Eine Uniform kommt hinzu, Feste werden veranstaltet, die Anziehungskraft des Neuen greift auf andere Klassen über, der Lehrer wird mit dem Zeichen der Welle begrüßt, sobald er in der Schule auftaucht. Nur wenigen – es sind die Redakteure der Schülerzeitung – wird die Entwicklung unheimlich, doch als sie sich in einem ironischen Artikel gegen die Uniformität der neuen Gemeinschaft wenden, wird einer von ihnen – ausgerechnet das Kind einer jüdischen Familie – verprügelt. Der Lehrer merkt, daß er zu weit gegangen ist und sucht den Jugendlichen die Augen zu öffnen. Er läßt verbreiten, es gebe die «Welle» auch in anderen Städten der USA; der nationale Führer der Bewegung werde in wenigen Tagen bei einem Schulfest zu ihnen sprechen. Als dann Schülerinnen und Schüler erwartungsvoll versammelt sind, kündigt er den Auftritt des Führers an und zeigt einen Film – auf der Leinwand erscheint Adolf Hitler!

Die Episode, inzwischen in dramatisierter Form von Theater-Arbeitsgruppen der Oberstufe gern aufgeführt, ist nicht nur geeignet, Jugendliche nachdenklich zu stimmen; sie kann uns als Pädagogen lehren, wie bedrohlich brutalisierend eine verfehlte Willenserziehung sein kann und in welchem Maße das Goethesche Wort: «Bedenke was! Mehr bedenke wie!» gerade im Blick auf eine gleichmäßige Ausbildung der Seelenkräfte Geltung hat.

Zusammenfassung

Blicken wir zusammenfassend auf das im dritten Kapitel Entwickelte zurück. Eines der bedrohlichsten Symptome unserer Zeit ist die allmähliche Dissoziierung der Seele: In der modernen Welt löst sich das Denken von der Bindung an vorgegebene Werte und entwirft das technisch Machbare, der Wille gewinnt die Tendenz, mechanisch zu funktionieren oder brutal zu werden, das Gefühl, von einer allgegenwärtigen Unterhaltungsindustrie vielfach überformt, degradiert zu einer «Emotionalität aus zweiter Hand». Nun klingt dieses Motiv des Auseinanderfallens der Seelenkräfte auch in der Johannes-Apokalypse an: Während sich bei den ersten vier Posaunenklängen Bilder entrollen, die auf das Abstürzen der orientierenden Lichter des Seelischen im geschichtlichen Prozeß hindeuten, erscheint beim Ertönen der fünften Posaune – und diese Stufe verweist auf unsere Zeit – das erschreckende Bild der Heuschrecken mit dem verführerischen Kopf-, dem verhärteten Brust- und dem brutalen Gliedmaßenbereich. Tritt uns in dieser eigentümlichen Symbolik die Verzerrung des Seelischen entgegen, so stellt das später folgende Motiv der kosmischen, schwangeren Frau das Urbild der Seele dar, aus der das Geisteskind, das höhere Selbst des Menschen, geboren werden kann. Gegen diese Ich-Geburt aber stellt sich der Drache; er wird zwar von Michael besiegt, doch geht seine Kraft auf die zwei Tiere «vom Meere» und «vom Lande» über, welche als Versucher der Seele in die Einseitigkeiten einer entfesselten Triebnatur oder eines kalten Intellekts führen möchten. Die Dialektik von Bedrohung und Entwicklungsperspektive, welche die apokalyptischen Motive durchzieht, bestimmt auch Rudolf Steiners Aussagen über die Situation der Seele in der Gegenwart. Indem die instinktive Verbindung von Wahrnehmen, gedanklicher Verarbeitung, gefühlsmäßiger Betroffenheit und Handeln verlorengeht, vergrößert sich einerseits die Freiheit, unabhängig von vorgegebenen Verhaltensmustern handeln zu können; es stellt sich andererseits die Aufgabe, das eigene Denken, Fühlen und Wollen so zu verbinden, daß die Extreme einer gefühllosen Intelligenzentfaltung, eines brutalen Auslebens der Willenskräfte und einer schwärmerischen Emotionalität vermieden werden.

Ein solches bewußtes Ergreifen des Innenlebens setzt eine integrale Entwicklung der Seelenkräfte voraus; ihre Förderung und Harmonisierung ist als eines der wesentlichsten Ziele einer zeitgenössischen Pädagogik zu betrachten. Nun enthält die Waldorfschule eine Fülle von Elementen, welche aus dem Bemühen um eine gleichwertige Entwicklung von Kopf, Herz und Hand entstanden sind; die große Bedeutung der künstlerischen und handwerklichen Fächer ist hier ebenso zu nennen wie der Epochenunterricht, die Projektarbeit und die Einrichtung von Praktika. Aber auch innerhalb der einzelnen Fachgebiete ist die Unterrichtsmethodik so angelegt, daß alle Seelenfähigkeiten angesprochen werden; dabei suchen die theoretischen Fächer den Denkwillen an einem ganzheitlichen Erleben der Weltphänomene zu entzünden, während die praktischen Fachgebiete zu einer sachgerechten Weltgestaltung führen möchten. Von daher erscheint es wenig sinnvoll, beide Bereiche gegeneinander auszuspielen; vielmehr sind sie auf ihre wechselseitige Ergänzung hin angelegt. Es handelt sich heute darum, sich nicht in die Sackgassen eines nur kognitiv oder nur praktisch orientierten pädagogischen Ansatzes zu verirren, sondern durch

ein bewußt gehandhabtes, künstlerisch durchdrungenes Zusammenwirken von «betrachtenden» und «selbsttätigen» Unterrichtsformen
die Seelenfähigkeiten des Denkens, Fühlens und Wollens integral zu
fördern. Auf diesem Wege kann ein Wort Rudolf Steiners aus dem 13.
Vortrag der «Allgemeinen Menschenkunde», das so etwas wie ein Zu-
kunftsprogramm umreißt, weiterhin Anregung sein: «Wir müssen die
Arbeit nach außen vergeistigen; wir müssen die Arbeit nach innen, die
intellektuelle Arbeit, durchbluten! Denken Sie über diese zwei Sätze
nach, dann werden Sie sehen, daß der erstere eine bedeutsame erzieherische und auch eine bedeutsame soziale Seite hat; daß der letztere
eine bedeutsame erzieherische und auch eine bedeutsame hygienische
Seite hat.» [124]

IV. KAMPF UM DAS ICH

1. Die Krise der Individualität

In verschiedenen Schichten hat sich in den vorangehenden Kapiteln die Problematik der Gegenwart enthüllt. Eine letzte Dimension soll abschließend betrachtet werden: die Sphäre des menschlichen Ich; hier geht es um die innersten Willensimpulse, um die Frage des Moralischen, um die Einmaligkeit jedes Menschen als nicht nur leibliches und seelisches, sondern auch geistiges Wesen. Auch auf diesem Felde besteht eine intensive Krise: Die Individualität ist gegenwärtig von mächtigen kollektivistischen Tendenzen bedroht.

Die großen negativen Utopien des Jahrtausendendes, die Visionen Orwells und Huxleys, haben diese Gefahr gesehen; sie beschreiben zwei Varianten des Totalitarismus. Die erste Variante hat Orwell heraufbeschworen: Die Gesellschaft wird zum Gefängnis, effektiv kontrolliert von der Allgegenwart eines «Großen Bruders». Die zweite Vision, die Huxley entworfen hat, scheint allerdings nach den jüngsten historischen Erfahrungen die erfolgreichere und dauerhaftere zu sein: die Errichtung einer Zivilisation, die das Glück wirtschaftlichen Wohlergehens, optimaler Lustbefriedigung und allgegenwärtiger Unterhaltung garantiert.

Geradezu eine Umkehr Orwells findet statt: Es ist nicht der «Große Bruder», der das Volk sehen will, sondern die Menschen drängen sich, den «Großen Bruder» zu sehen und sich von ihm amüsieren und unterhalten zu lassen: Trivialitäten als Lebensorientierung sind offensicht-

135

lich wirksamer als Wahrheitsministerien. Der Medienkritiker Paul Watzlawick kommt zu einer radikalen Deutung der Entwicklung: «Weit mehr als es die Propagandaministerien totalitärer Staaten bisher fertiggebracht hatten, erzeugt das Fernsehen eine freiwillige Unterwerfung und Gleichschaltung des Denkens und Fühlens, wie sie in der Geschichte der Menschheit wohl einmalig dasteht – nicht, weil die Menschen früherer Epochen vielleicht immuner waren, sondern weil die moderne Technologie zur Verrohung und Vertrottelung von Millionen Menschen noch nicht bestand.» [125] Ähnlich scharf charakterisiert der Schriftsteller Botho Strauß die gegenwärtige Situation: «Das Regime der telekratischen Öffentlichkeit ist die unblutigste Gewaltherrschaft und zugleich der umfassendste Totalitarismus der Geschichte. Er braucht keine Köpfe rollen zu lassen, er macht sie überflüssig.» [126] Wem eine solche Sichtweise zu radikal erscheint, der möge bedenken, daß wir uns inzwischen an die selbstverständliche Präsenz des Fernsehens in den Haushalten gewöhnt haben. Ein Blick auf die zunächst zögernde Ausbreitung des Mediums lehrt jedoch, daß ursprünglich lebendig empfunden wurde, welch ungeheuren Umschwung das Eindringen des Fernsehens in die Privatsphäre bedeutete. «Der Einbruch, den das Fernsehen in die Häuslichkeit vollzieht, ist gewaltig und bisweilen fast umwerfend. Er ist sehr unmittelbar, er tritt mit der Inbetriebnahme des Empfängers auf, gegen ihn scheinen sich natürliche Abwehrkräfte bemerkbar zu machen, die nicht aus einer Ablehnung, sondern aus einer Erschütterung herrühren ...» [127] Dieser elementare Vorbehalt, ausgesprochen schon einige Jahre nach dem Beginn der Ausstrahlung des ersten regelmäßigen deutschen Fernsehprogramms am 22. März 1935, führte dazu, daß auch nach Wiederaufnahme des Sendebetriebs an der Jahreswende 1952/53 der Verkauf von Fernsehgeräten zunächst weit hinter den Erwartungen zurückblieb. Statt den von Philipps-Chef Graf Westarp prognostizierten 1 200 000 Empfängern gab es Ende August 1955 nur 176 000 Besitzer eines Fernsehgerätes. Erst als mit den Unterhaltungssendungen Peter Frankenfelds und den populären Familienserien der Schölermanns und Hesselbachs die überkommenen Pole von «Privatheit» und «Öffentlichkeit» aufgebrochen wurden und «Menschen wie du und ich» via Bildschirm ins Wohnzimmer kamen, begann sich jene bis heute attraktive Fernsehwirklichkeit zu etablieren, die es erlaubte, hinter des Nachbarn Wand zu sehen.

Gerade auf diesem Felde zeichnet sich eine Entwicklung ab, die so offensichtlich das spezifisch Menschliche leugnet, daß in den Titeln zeitkritischer Essays eine populäre Tiermetapher auftaucht. Wenn im «Spiegel» von einem «Volk im Schweinestall» gesprochen wird[128] oder sich Betrachtungen finden unter dem Motto «Der Mensch – das ewige Tier»[129], geht es um die Feststellung, daß in den letzten Jahren die Schamschwellen drastisch gesunken sind, auch und gerade in der bundesrepublikanischen Gesellschaft: Sex und Unterhaltung für sensationslüsterne Voyeure haben Hochkonjunktur. Da berichten in den TV-Programmen privater Kanäle geladene Gäste grinsend von ihren Erfahrungen als Beischläfer im Pornogewerbe, da werden von einem Exhibitionisten Tips zur effektiven Freilicht-Entblößung gegeben, da wird fachkundig erörtert, welche Ausdehnung das männliche Genital im Blick auf einen optimalen Lustgewinn haben sollte. Die «Momente orgiastischer Schwatzhaftigkeit», die in breiter Front auch Film, Theater und die gedruckten Medien ergriffen haben, sind verbunden mit einer zunehmenden sprachlichen Verwilderung: In «den Dialogen nistet dreist obszönes Vokabular, das in halbwegs zivilisierten Kreisen noch vor wenigen Jahren unaussprechlich war …»[130] Auffallend ist zudem die Tendenz, die Darstellung von Sex profitabel zu verzahnen mit spektakulärer Gewalt: Der mit fünf Oscars prämierte Film von Jonathan Demme «Das Schweigen der Lämmer» etwa zeigt einen Lustmörder, der sich seine Bekleidung aus Frauenhaut näht; im «Cap der Angst» von Martin Scorsese reißt ein Sex-Unhold einer jungen Frau erst Fleisch aus der Wange, um sie dann bestialisch zu vergewaltigen.

Die Spirale von Sex, Horror und Gewalt, die sich zunehmend in der sogenannten «Kultur»-Industrie dreht, wird in ihrer Tendenz durchschaubar, wenn man sich vergegenwärtigt, was die systematische Verletzung von Schamgrenzen eigentlich bedeutet. Das Empfinden von Scham, so hat der Ethnologe Hans P. Duerr mit überwältigendem empirischem Material nachgewiesen, ist nicht etwa eine Errungenschaft naturfern-gekünstelter Zivilisation, sondern findet sich in allen Formen von Vergesellschaftung; die Scham gehört offensichtlich zum

Wesen des Menschen.[131] Wo aber liegt der Ort, an dem die Scham entspringt?

In einfühlsamer Charakterisierung tastet der Theologe Reinhold Haskamp nach ihrem menschenkundlichen Ursprung: «Scham gehört zur nächtlichen Seite des Lebens, nicht zur Helle des Verstandes. Sie ist den Gefühlen zuzuordnen. Wir empfinden Scham. Sie besitzt somit Gefühlsmomente, doch sie ist mehr ... Der Mensch lebt im Geheimnis. Der Mensch ist sich nie gänzlich seiner selbst bewußt. Und auch ein anderer kann ihn nie ganz verstehen. Das Geheimnis ist intellektueller Neugier verschlossen, es kann sich nur dem Engagement öffnen. Der Mensch braucht Scham, um die Existenz im Geheimnis zu wahren.» [132]

Diese Sätze beschreiben die Scham weitab von der Prüderie, ähnlich wie Rudolf Steiner, als ein elementares Empfinden, das aus dem Individuellsten des Menschen, seinem Ich, hervorgeht. Scham ist ein Schutz der Individualität. Damit wird deutlich, in welche Dimension das Hinwirken auf einen Abbau der Scham weist: Es wird unterschwellig suggeriert, der Mensch sei ein reines Gattungs-, und zwar ein Triebwesen. Die Konsequenzen einer solchen Suggestion lassen sich ausmalen. Erstens: Dir ist gestattet, die eigenen Triebe ungehemmt auszuleben. Zweitens: Der andere hat ebenso wenig ein Anrecht auf Scham wie du. Du bist berechtigt, in die intimen Bereiche von Liebe, Begeisterung, Trauer und Sterben einzudringen.

Quer zu den bisher beschriebenen Formen der Uniformierung des Bewußtseins steht eine Strömung, die den Sumpf von Sex, Crime und seichter Genußkultur auszutrocknen vorgibt, aber selbst zutiefst antiindividuell eingestellt ist: Das im aufgeklärten Europa längst überwunden geglaubte Gespenst eines kämpferischen Nationalismus ist mit atavistischer Wucht über die Welt gekommen. In über 50 Kriegen prallen gegenwärtig Völker aufeinander, die Zahl der Todesopfer und Flüchtlinge geht in die Millionen. Ein Ende der Kämpfe ist nicht abzusehen, Konfliktpotential gibt es übergenug. Zurzeit bestehen knapp 200 Staaten; dabei hat sich ihre Zahl seit dem Beginn des Jahrhunderts vervierfacht. Düsterer noch wirken langfristige Perspektiven: Weltweit existieren etwa 3500 Völker, Stämme oder Gruppen, die sich selbst als Nation sehen.[133] Auf diesem Hintergrund erweist sich die vom amerikanischen Präsidenten Woodrow Wilson 1917 geprägte Formel vom «Selbstbestimmungsrecht der Völker», vor deren verheerenden Wirkungen Rudolf Steiner unmittelbar eindringlich gewarnt hatte, als ein «barbarisches Instrument» und der eigentliche «Fluch des 20. Jahrhunderts». Versucht man, den Nationalismus der Gegenwart näher zu verstehen, so erscheint er vielfach als Regression angesichts einer gesellschaftlichen Modernisierung, die es versäumt, den Menschen durch eine umfassende, humane Werte einbeziehende Bildung die Möglichkeit zu geben, sich eine individuelle Identität aufzubauen.

Hier liegt auch eine der Ursachen für das Aufkommen des Nationalismus im eigenen Lande. Gerade Jugendliche, die für sich keine Zukunftsperspektiven sehen und sich alleingelassen fühlen in der Anonymität der modernen Massengesellschaft, haben sich als anfällig erwiesen für rechte Gruppierungen: «Der Rechtsextremismus füllt das Vakuum aus, das viele Jugendliche im wiedervereinigten Deutschland empfängt», urteilen die Soziologen Götz Eisenberg und Reimer Gronemeyer.[134] «Auch im Nirvana des Geldes bleiben ja elementare Bedürfnisse ungestillt, zumindest für diejenigen, die nicht in der Lage sind, mangelnden Sinn durch Geld und Luxuskonsum zu substituieren … Deutschsein wird zur Identitätsprothese für diejenigen, die sonst nichts haben, woran sie sich halten und orientieren können.» Für die Richtigkeit einer solchen Einschätzung spricht auch die Tatsache, daß in den neuen Bundesländern, wo abrupt alte Sinnzusammenhänge weggebrochen sind und der «Individualisierungsanprall», wie der Jugendforscher W. Heitmeyer die Anforderungen individueller Sinnfindung genannt hat, besonders krass erschien, die Basis für Rechtsextremismus und Neonazismus breiter ist als in den alten Bundesländern.

Der fanatische religiöse Fundamentalismus, der vermehrt Zulauf findet, entspringt einer ähnlichen Angst vor den Herausforderungen individueller Freiheit. Wer auf Offenbarungen hört, ist der Anstrengung eigenen Nachdenkens enthoben, wer sich einer Sekte anschließt, dem wird gesagt, wie er zu leben hat, wer sich einer Gruppe von Auserwählten zugehörig fühlt, weiß sich bewahrt vor der Verdammung des sündigen Rests.

So vielgestaltig die Angriffe auf die Individualität erscheinen – ihre dämonischste Dimension zeigen sie in den Exzessen sexualisierter Gewalt: den Massenvertreibungen, Verstümmelungen und Vergewaltigungen der gegenwärtigen Kriege, sie zeigen sie in den Folterungen, die auch heute noch an der Tagesordnung sind. Die Bestialität lauert in unserer Zeit direkt unter der Oberfläche der Zivilisation, sie ergreift den Menschen, wenn sein Ich ausgelöscht wird. Bei der Ausbildung von Folterern wird dieses Geheimnis gewußt: Damit sie überhaupt fähig werden, die geforderten Unmenschlichkeiten zu begehen, muß zunächst durch einen systematischen Wechsel von Demütigungen und Allmachtsphantasien ihre eigene Persönlichkeit gebrochen werden.[135]

Eine weitere Dimension des Bösen wird sichtbar; sie unterscheidet sich von dem bisher Beschriebenen dadurch, daß sie nicht nur in der Seele, also im Denken, Fühlen und Wollen wirkt, sondern unmittelbar das geistige Wesenszentrum des Menschen angreift. Läßt sich auch dieses Böse als Gegenbild einer positiven Entwicklung sehen? Worin besteht die Herausforderung, vor welche die erschreckenden Gegenwartssymptome stellen? Rudolf Steiner hat, wiederum in Anknüpfung an Bilder aus der Apokalypse, von dem gegenwärtigen Wirken des radikal Bösen gesprochen, hat aber gleichzeitig auf ein zentrales spirituelles Geschehen unserer Zeit hingewiesen; die entsprechenden Motive, die sich im Kontext der vierten Siebenerfolge der Johannes-Apokalypse, dem «Ausgießen der Zornesschalen» finden, sollen im folgenden Kapitel dargestellt werden.

2. Die sieben Zornesschalen und die Wiederkunft Christi: Von der Leugnung der Individualität und ihrer Erhöhung

Die vierte Siebenerfolge der Apokalypse wird wiederum mit einem Bild eingeleitet, das auf eine neue geistige Sphäre deutet: Der Tempel Gottes wird sichtbar in der geistigen Welt, er öffnet sich, sieben Engel treten hervor, erhalten sieben goldene Schalen und den Befehl, diese Schalen «des göttlichen Zornes» auf die Erde zu gießen. Damit ist die letzte Siebenerfolge eingeleitet. Die Erfahrung, aus der Johannes nun spricht, geht offensichtlich über das inspirative Erleben in Zusammenhang mit den Posaunenklängen hinaus, sie erschließt eine unmittelbare Wesensbegegnung. Im Zwischenmenschlichen liegt eine solche Erfahrung vor, wenn ich nicht nur ein lebendiges, inneres Bild von der Entwicklung des Gegenübers in mir trage, nicht nur den individuellen «Klang» seiner Seelenmelodie wahrnehme, sondern seine geistige Entelechie mit den sie erfüllenden, in die Zukunft weisenden Intentionen zu ahnen beginne. Eine solche Erfahrung, von Rudolf Steiner als Intuition bezeichnet, macht Johannes nun gegenüber der geistigen Welt: Der Tempel Gottes öffnet sich, sein Innerstes wird sichtbar, und die Schalen der göttlichen, leidenschaftlichen Willensimpulse – eine solche Umschreibung erfaßt die Bedeutung des griechischen «thymos» noch treffender als die Übersetzung mit «Zorn» – werden ausgegossen; dabei entrollen sich folgende Bilder.

Die ersten vier Zornesschalen

> *Schon trat der erste Engel vor*
> *und goß seine Schale aus über die Erde:*
> *Da bildete sich auf den Leibern der Menschen,*
> *die das Tierzeichen trugen*
> *und niedergefallen waren vor seinem Bild,*

große Geschwülste,
bösartig und schmerzhaft.

Der zweite Engel aber goß seine Schale aus über dem Meer:
Da entstand dunkles Blut,
schwarz wie bei einem Toten,
und alles,
was im Meer lebte,
ging elend zugrunde.
Der dritte Engel goß seine Schale aus über Flüsse und Quellen:
Da wurden die Wasser zu Blut,
und ich hörte, wie der Engel,
der über die Wasser gebot, rief:
Gerecht bist Du, der da ist und da war,
Heiliger Gott,
und gerecht ist Dein Richterspruch.
Sie haben das Blut der Frommen und Weissager vergossen,
das Blut der Heiligen und der Propheten.
Und dafür hast Du ihnen Blut zu trinken gegeben:
so wie sie's verdienen.
Und ich hörte, inmitten der dampfenden Schwaden,
eine Stimme reden, die vom Altar her kam:
Ja, Herr, allmächtiger Gott,
gerecht und deutlich sind die Richtsprüche,
die Du verkündest.

Der vierte Engel aber goß seine Schale aus über die Sonne;
Da wurde ihr Macht gegeben,
die Menschen im Feuer verbrennen zu lassen.
Sie dörrten in der Hitze aus,
und, vom Versengen bedroht, verfluchten die Menschen
den Namen des Gottes,
der über diese Plagen gebot,
und weigerten sich, ihm die Ehre zu geben.

Betrachtet man die einzelnen Motive, so fällt zunächst die Parallelität zu den Plagen in Zusammenhang der Posaunenklänge auf. Allerdings sind die Verheerungen gesteigert: Nicht nur ein Drittel, sondern die ganze Sphäre der Erde, des Meeres, der Quellen und Flüsse sowie der Gestirne wird geschädigt. Damit ist auf eine neue Dimension des Bösen hingedeutet. Hier geht es nicht um einzelne Abirrungen der Seele, sondern um die grundsätzliche Leugnung des Geistigen und damit des höheren Selbst des Menschen. Dabei legt der Text nahe, die Verheerungen, die als Folge dieser Zurückweisung der göttlichen Willensimpulse eintreten, nicht nur auf den Makrokosmos, sondern auch auf den Menschen als Mikrokosmos zu beziehen; die Erde steht dann für den Leib, an dem sich «große Geschwülste, bösartig und schmerzhaft», bilden, das Meer für die Lebenskräfte, die getrübt werden, die Quellen und Flüsse für das Seelische, das vergiftet wird. Und wenn gesagt wird, der Sonne werde die Macht gegeben, die Anhänger des Tieres auszudörren und zu versengen, so mag darin der Hinweis liegen, daß die Menschen im Licht eines falschen Bewußtseins in den Gluten eigener Triebhaftigkeit verbrennen.

Die fünfte Zornesschale

Wie ein zusammenfassender Höhepunkt der Plagen erscheint das Ausgießen der fünften Schale:

> *Der fünfte Engel goß die Schale aus*
> *über den Herrschersessel des Tieres:*
> *Da wurde es dunkel in seinem Reich,*
> *überall finstere Nacht,*
> *und die Menschen zerbissen vor Schmerz ihre Zunge*
> *und schmähten Gott im Himmel*
> *wegen der Qualen und Geschwülste,*
> *die todbringend waren,*
> *und änderten nicht ihren Sinn*
> *und bereuten nicht ihre Taten.*

143

Vertieft man sich in diese Zeilen, gewinnt man den Eindruck, daß die Doppelheit der Tiere «vom Land» und «vom Meer» wieder in ein Bild zusammenfließt: dem Reich des Tieres. Es wäre verkürzt, den Ort dieses Reiches geographisch und historisch festzulegen, etwa auf das Römische Reich. Vielmehr ist ein geistiger Weltbezirk gemeint: der Herrschaftsbereich des Wesens, welches bewirkt, daß Menschen «das Siegel des Tieres auf Stirn oder Hand» (14,9) annehmen, das heißt, sich selbst als «Tier» verstehen, indem sie das Geistwesen des eigenen höheren Selbst leugnen und entsprechend handeln. Damit ist auf eine Region hingedeutet, die mit dem modernen Begriff eines theoretischen und praktischen Materialismus umrissen werden kann; auch die folgenden Charakterisierungen weisen in diese Richtung. Im Reich des Tieres herrscht «überall finstere Nacht»; das Dunkel der Sinnlosigkeit entspringt einem Mangel an geistiger Zielsetzung. Mit dieser Orientierungslosigkeit geht die seelische Erfüllung verloren, eine depressive, selbstquälerische Grundstimmung breitet sich aus. Schließlich erscheint die Krankheit als Signatur des Reiches des Tieres. Daß körperliche Leiden seelisch-geistige Ursachen haben können, daß gerade Krankheiten, die mit einer Schwächung des Immunsystems einhergehen, mit einem mangelnden Eingreifen des Ich in die Leibesorganisation zusammenhängen, wird der medizinischen Forschung allmählich deutlich. Die Zeit der Krisis, von der die Apokalypse spricht, und die in den nachfolgenden Bildern noch dadurch dramatisiert wird, daß sich die Heere des Bösen auf dem Berge Harmagedon zur Entscheidungsschlacht sammeln, letztlich aber besiegt werden und untergehen, ragt offensichtlich bedrängend in die Gegenwart hinein.

In diesem Zusammenhang erscheint bemerkenswert, daß Rudolf Steiner unter verschiedenen Aspekten[136] von dem Wirken eines radikal Bösen im 20. Jahrhundert gesprochen hat; dabei charakterisiert er diese anti-humane Macht mit Begriffen, welche die apokalyptische Tier-Metapher aufgreifen: Sie impft dem Leib Todeskräfte ein, sie zerstückelt das Ich, sie führt in einen praktischen Materialismus und das ungehemmte Ausleben der Sinnlichkeit hinein: «Es wird der Mensch nichts wissen und nichts wissen wollen von einer geistigen Welt. Er wird immer mehr und mehr nicht nur lehren, daß die höchsten sittlichen Ideen des Menschen nur höhere Ausgestaltungen der tierischen

Triebe sind, er wird nicht nur lehren, daß das menschliche Denken nur eine Umwandlung dessen ist, was auch das Tier hat, er wird nicht nur lehren, daß der Mensch nicht bloß seiner Gestalt nach mit dem Tier verwandt ist, daß er auch seiner ganzen Wesenheit nach vom Tier abstamme, sondern der Mensch wird mit dieser Anschauung ernst machen und so leben.»[137]

Doch wiederum erschöpft sich die Apokalypse nicht in der Darstellung des Bedrohlichen. Denn das Ausgießen der Schalen des göttlichen Willens wird geradezu ausgelöst durch ein spirituelles Ereignis, das die Gerechten frohlocken läßt: die Wiederkunft Christi. In den Versen 14–16 des 14. Kapitels heißt es:

Die Wiederkunft Christi

> *Ich sage euch, und das ist wahr,*
> *eine weiße Wolke,*
> *auf der eine Gestalt saß,*
> *die einem Menschensohn glich,*
> *auf seinem Haupt eine Krone aus Gold,*
> *in seiner Hand eine blitzende Sichel.*
> *Und ein anderer Engel kam aus dem Tempel,*
> *der rief mit lauter Stimme*
> *dem Menschen zu, der auf der Wolke saß:*
> *Schick Deine Sichel und ernte:*
> *Die Stunde schlägt,*
> *in der die große Ernte eingebracht wird,*
> *denn reif ist, auf der Erde, das Korn.*
> *Da warf der Menschensohn die Sichel zur Erde herab,*
> *und die Ernte wurde in die Scheuern gefahren.*

Die Macht der Imagination verführt dazu, allzu schnell feste Vorstellungen über das angedeutete Geschehen zu bilden. Man stellt sich die Wiederkunft vielfach als ein äußeres Erscheinen Christi vor, der als schrecklicher Weltenrichter das endzeitliche Gericht, angedeutet im Symbol der Ernte, über die Menschheit vollzieht. Aber trifft eine solche Deutung den wahren Sinn des Textes? Auf welche Wirklichkeitsebene weist das Bild der Wolke hin? Und inwiefern ist die Ankündigung der Wiederkunft Christi, wie es ausdrücklich in Vers sechs des 14. Kapitels heißt, als «Euangellion», also als «frohe Botschaft» zu betrachten?

Ein Aspekt des apokalyptischen Bildes bietet in diesem Zusammenhang eine Erkenntnishilfe: Der Christus erscheint «auf der Wolke». Auf welche Wirklichkeitsebene verweist dieses Motiv? Einer goetheanistischen Naturbetrachtung stellt sich die Wolke als ein Zwischenreich dar; sie steht zwischen der Welt des Mineralischen und Pflanzlichen, indem sie einerseits den physischen Mechanismen der Verdunstung und Kristallisation unterliegt, andererseits im Zusammenspiel der Elemente von gestaltbildenden Kräften geformt wird, wie sie im Bereich des Organischen wirken.[138] Nimmt man diese Tatsache als Bild, so verweist die Wolke auf ein Weltgebiet, das uns normalerweise unbewußt bleibt, in dem wir aber immerfort leben: auf den Bereich des «Zwischen». Einmal auf dieses geheimnisvolle Reich aufmerksam geworden, öffnen sich dem tastenden Erleben weite Horizonte: in der Natur das, was sich zwischen den festen Formen an Wachstums-, Gestaltungs- und Umgestaltungsprozessen abspielt, im Menscheninnern das, was zwischen dem bewußten Gedankenleben und den halb- oder unbewußten Gefühls- und Willensimpulsen schwingt, vor allem aber das, was im Begegnen von Mensch zu Mensch und Mensch und Welt an subtilen Gesten der Hingabe, Wahrnehmung und Berührung lebt. In dieses Reich der Lebenskräfte ist der auferstandene Christus mit der sogenannten «Himmelfahrt», die im Bericht der Apostelgeschichte bezeichnenderweise als ein Übergang ins Wolkensein beschrieben wird, eingetreten[139]; damit hat er sich intensiv mit allem Weltgeschehen verbunden: «Wo zwei oder drei in meinem Namen versammelt sind, da bin ich mitten unter ihnen.» Wiederum ist bemerkenswert, daß Rudolf Steiner, ähnlich wie im Blick auf das Wirken des Bösen, auch diese spirituelle Tatsache der Christus-Nähe in besonderer Weise mit der Gegenwart verbindet. Ab dem 20. Jahrhundert, so schildert er vor allem in Vorträgen aus dem Jahre 1910[140], wird die geistige Gegenwart des Christus mehr und mehr Menschen bewußt; damit überschreitet die Menschheit eine bewußtseinsgeschichtliche Schwelle. Der lange

Zeitraum des Verdämmerns des ursprünglich vorhandenen Hellsehens für die elementarische Welt, in der indischen Überlieferung als Epoche des «Kali Yuga», als «dunkles Zeitalter» beschrieben, geht zu Ende, die Menschheit erwacht allmählich zum Schauen der Vorgänge in der Sphäre des Lebendigen. Dieses Erwachen ist ein komplexes Geschehen; christologisch gesehen bedeutet es den Beginn dessen, was in der christlichen Überlieferung als «Wiederkunft Christi» bezeichnet wird, menschenkundlich gesehen stellt es eine tiefgreifende Verwandlung der seelischen Konstitution dar. Denn während das Erfassen der physischen Welt in distanzierter Weise über kontrollierte Beobachtung, Messung und Experiment erfolgt und damit gerade das punktuell-isolierte Selbstbewußtsein des modernen Menschen begründen konnte, verlangt das Wahrnehmen der Lebensvorgänge eine Ausweitung des Ich, ein mitvollziehend-identifikatorisches Einleben in normalerweise unbewußt bleibende Vorgänge. Indem das Bedürfnis nach einer solchen Ausweitung ab dem 20. Jahrhundert instinktiv auftaucht, entstehen Gefahren, auf die Steiner mehrfach eindringlich, besonders bezogen auf die dreißiger Jahre des 20. Jahrhunderts, hingewiesen hat: der Wunsch nach einer Steigerung, Erhöhung, Ausdehnung des Ich kann in den pervertierten Formen der Sehnsucht nach einem «Führer» und «Messias» oder dem Aufgehen in Volkszusammenhänge auftreten – Erscheinungen, die sich nur allzu deutlich historisch bestätigt haben.

Somit stellt sich, blickt man auf die apokalyptischen Bilder und ihre Deutung durch Rudolf Steiner, die Gegenwart als eine geistige Auseinandersetzung um das Ich dar; der Gefahr des Abgleitens in die «Tierheit» steht die Herausforderung nach der Ausbildung eines höheren Selbst gegenüber.

Will man die Dialektik dieser Situation tiefer verstehen, ist es notwendig, sich mit dem weithin verkannten Phänomen des Gewissens auseinanderzusetzen; dabei wird auch deutlicher werden, in welche Dimension das erneute Christuswirken hineinreicht.

Einer Betrachtung des Gewissens stellen sich vor allem drei Fragen; ihre Behandlung soll in einer gewissen Ausführlichkeit so erfolgen, daß durch die angeführten Beispiele ihre Bedeutung für die Pädagogik erlebbar wird: Was ist das Gewissen? Woher kommt das Gewissen? Wandelt sich das Gewissen?

Geht man der Frage nach dem Wesen des Gewissens nach, so trifft man im allgemeinen auf die Anschauung, das Gewissen sei nichts anderes als eine internalisierte äußere Norm; als «Über-Ich», um einen Begriff Freuds zu verwenden, übe es seine Herrschaft über das Ich aus: «Wie das Kind unter dem Zwange stand, seinen Eltern zu gehorchen, so unterwirft sich das Ich dem kategorischen Imperativ seines Über-Ichs.»[141]

In der Tat spricht die Gewissensstimme oft in Übereinstimmung mit der kulturellen Umgebung.[142] Aber gibt es nicht immer wieder Menschen, die sich aus innerem Antrieb gegen äußere Normen stellen, auch wenn es ihnen Nachteile einbringt?

Das Schicksal von Claude Eatherly erscheint in diesem Zusammenhang bedeutend. Eatherly war einer der Piloten, die am Ende des Zweiten Weltkrieges beim Angriff auf Hiroshima zum Einsatz kamen; er hat das Zeichen zum Abwurf der Atombombe gegeben. Als die unfaßliche Dimension der angerichteten Vernichtung bekannt wurde – 130000 Menschen auf einen Schlag getötet –, reagierte Eatherly anders als die übrigen Mitglieder der Besatzung; als einziger lehnte er die ihm zugedachten militärischen Ehrungen ab. Es wird berichtet, er habe nach den erschütternden Erlebnissen tagelang mit niemandem gesprochen und sich völlig isoliert. Die Symptome wurden als «Schlachtenmüdigkeit» diagnostiziert und behandelt; nach vierzehntägigem Aufenthalt in einer New Yorker Klinik erschien der junge Pilot so weit erholt, daß er entlassen werden konnte. Nach seiner Ausmusterung im Jahre 1947 versuchte Claude Eatherly, Anschluß an das normale Leben zu finden. Die Voraussetzungen schienen günstig. Seit 1943 war Claude mit einer jungen Schauspielerin verheiratet, sie hatten Kinder und ein Haus mit Garten; sein Beruf als Angestellter eines Petroleumkonzerns bot soziale Aufstiegschancen.

Doch die Hoffnung auf ein «stilles Glück» erwies sich als Illusion. Nachts meinte der frühere Pilot die schmerzverzerrten Gesichter der im Atomblitz verbrannten Kinder vor sich zu sehen; Beruhigungsmittel konnten sie nicht verscheuchen. Nun beginnt die Zeit, in der er Geldscheine in Kuverts stopft und an Hilfsorganisationen nach Hiroshima schickt; seine Qualen lindert das nicht. Als Präsident Truman 1950 bekanntgibt, Amerika werde eine noch wirksamere Waffe bauen, die Wasserstoffbombe, versucht sich Eatherly durch eine Überdosis von Schlaftabletten das Leben zu nehmen. Doch er wird lebend gefunden und nach einer mehrwöchigen psychiatrischen Behandlung entlassen, ohne daß sich an seinem Zustand etwas geändert hätte. Auch die körperliche Arbeit auf den Ölfeldern, von der er sich einen ruhigen Schlaf erhofft, hilft nicht weiter. In vollständiger Verzweiflung verlangt Claude schließlich nach Bestrafung – und verfällt auf den Gedanken, den Nimbus des Kriegshelden endgültig zu zerstören, indem er kriminelle Delikte begeht. Es folgen Einbrüche in Postämter und Banken, Überfälle auf Kassierer, Fälschungen von Schecks – das Geld fließt entweder in Stiftungen, die sich um Waisenkinder von Hiroshima kümmern, oder es wird überhaupt nicht angetastet. Mehrfach wird Claude Eatherly festgenommen und zu kleinen Strafen mit mildernden Umständen verurteilt. Endlich erscheint kein anderer Weg gangbar, als den «Schuldkomplex» in einer Nervenheilanstalt mit massiven Drogen zu bekämpfen. Monatelang dämmert Claude Eatherly unter dem Einfluß von «Tranquillizern» in einer Militärklinik dahin – ein hoffnungsloser Fall.

Was dann geschieht, hat Barbara Nordmeyer treffend als «Wunder der Menschlichkeit»[143] beschrieben. Im Frühjahr 1959 bekommt der in Wien lebende Philosoph Günther Anders in einer amerikanischen Zeitung eine Nachricht über Eatherly zu Gesicht. Unmittelbar erkennt der große Moralist die exemplarische Bedeutung dieses Schicksals. In einem ausgedehnten Briefwechsel, der unter dem Titel «Off limits für das Gewissen» veröffentlicht worden ist, hilft er dem viel Jüngeren, seine Empfindungen gedanklich zu durchdringen.[144] Im Zeitalter der Massenvernichtungsmittel verkörpere er, Claude, eine neue, «moderne» Moralität. Denn im Gegensatz zu einem Eichmann, der als «Schreibtischtäter» die Vernichtung von Millionen Juden organisiert und jegliche Schuld abgestritten habe mit dem Hinweis, er sei doch nur ein untergeordneter Vollzugsbeamter gewesen, stehe Claude zu seiner Verantwortung: «Du hast Dich nicht klein gemacht und Dich nicht mit dem Satze: Aber ich war ja nur ein Schräubchen, also bin ich nicht schuldig, zu entlasten versucht, sondern umgekehrt erklärt: Wenn wir als Schräubchen so furchtbar schuldig werden können, dann müssen wir es verweigern, in diesem Sinne Schräubchen zu bleiben. Eichmann und Du – Ihr zwei seid die beispielhaften Figuren der heutigen Epoche. Und gäbe es Dich nicht als Gegenfigur zu ihm, wir hätten allen Grund, in dieser Eichmann-Zeit zu verzweifeln.»[145]

Was alle psychoanalytischen Methoden nicht vermocht haben, erreicht die geistige Begegnung. Von dem Briefwechsel geht nicht nur Ermutigung, sondern auch Gesundung aus. Doch je deutlicher Eatherly das Tragische seines Schicksals durchschaut und sich zum konsequenten Kriegsgegner entwickelt, umso weniger ist man bereit, ihn aus dem Militärhospital zu entlassen. Als er endlich im August 1961, nach vielfältigen Schreiben, Eingaben und Petitionen von Günther Anders, unter anderen auch an Präsident Kennedy, freikommt, widmet Claude Eatherly sein Leben dem Kampf gegen die Atombombe.

Wenn man sich ein solches Schicksal vor Augen stellt, offenbart sich die Gewissensstimme in ihrer eigentlichen Dimension: Sie kann gegen das soziale und kulturelle Umfeld sprechen, auch gegen alle vordergründigen persönlichen Wünsche, sie erscheint als Spur des Übersinnlichen im Menschen, als Stimme seiner geistigen Individualität. In diesem Sinne beschreibt Rudolf Steiner in einem Vortrag vom 14. Mai 1912 das Gewissen neben den Fähigkeiten des Staunens und des Mitleidens «als eine geistige Kraft» des Menschen, «die hereinspricht in seine Welt der Triebe, Leidenschaften und Begehrungen ...»[146]

Woher aber – so wird man weiter fragen – stammt diese geheimnisvolle Stimme, die offensichtlich nicht aus den äußeren Bedingungen des menschlichen Lebens abzuleiten ist? Eine Antwort erschließt sich, wenn man darauf aufmerksam wird, daß – besonders auffallend in der Biographie bedeutender Persönlichkeiten – oft schon in früher Kindheit individuelle moralische Grundmotive auftauchen. So wird etwa Friedrich Schiller im Alter von fünf Jahren von einer wahren Leidenschaft des Schenkens ergriffen; nur mit Mühe können seine Eltern verhindern, daß ihr Sohn Schuhe, Bücher und Kleidungsstücke, ja sogar das Bettzeug an Ärmere weggibt. Offensichtlich existiert so etwas wie eine individuelle moralische Begabung, die weder dem Milieu noch der Vererbung entspringt – sonst müßten tausend andere, die Geschwister eingeschlossen, ebenso handeln. Angesichts eines solchen Sachverhalts, bei dem die üblichen Erklärungsmuster versagen, gibt es zwei Möglichkeiten. Entweder man verzichtet auf weiteres Fragen und Nachdenken, oder man beschreitet Erkenntniswege, welche den Blick auf die Bereiche des Vorgeburtlichen und Nachtodlichen öffnen.[147] Als Ergebnis einer solchen, geisteswissenschaftlichen Forschungsmethode beschreibt Rudolf Steiner die individuelle moralische Qualität, die sich als Gewissensstimme äußert, als Frucht vergangener Erdenleben. «Was aus dem Gewissen eines Menschen aufsteigt, ist ebenfalls etwas Erworbenes. Der Mensch hat nur dadurch einen Gewissensschatz, einen Instinkt für das Gute, Richtige und Wahre, daß er sich in seinen verflossenen Leben, in seinen Lebenserfahrungen, in seinen Grundsätzen dieses Gewissen erst zurechtgezimmert hat. Sie können für eine Befestigung und Erhöhung dieses Gewissens sorgen, wenn Sie sich vornehmen, jeden Tag Ihre moralischen Anschauungen ein wenig zu vertiefen. Moralische Anschauungen werden zum Gewissen in dem nächsten und übernächsten Leben.»[148]

Durchdenkt man die angedeutete Perspektive, so ergibt sich eine weitere Frage: Läßt sich in der menschheitlichen Entwicklung eine Metamorphose, vielleicht eine Vertiefung der Gewissensstimme beobachten? Wandelt sich das Gewissen?

Eine solche Problemstellung lenkt den Blick auf einen geistesgeschichtlichen Vorgang, der sich im fünften vorchristlichen Jahrhundert in Griechenland ereignet hat; er läßt sich als eine Verinnerlichung der Moralität charakterisieren. Das Geschehen wird faßbar durch einen Vergleich zweier Dramen, die im Abstand von fünfzig Jahren im Dionysos-Theater von Athen aufgeführt worden sind: den «Eumeniden» des Aischylos (458 v. Chr.) und dem «Orest» des Euripides. Beide Werke behandeln das gleiche tragische Geschehen: Agamemnon, Heerführer der Griechen, kehrt nach der Schlacht um Troja siegreich heim. Seine Frau Klytaimnestra aber hat sich von ihm entfremdet, zusammen mit ihrem Geliebten Aigist ermordet sie Agamemnon. Orest, der Sohn Agamemnons und Klytaimnestras, steht nun vor der Verpflichtung, den Vater zu rächen. Aber indem er der Pflicht gehorcht und die Mörder umbringt, begeht er ein furchtbares Verbrechen: den Muttermord. Die Dramen schildern nun in ganz unterschiedlicher Weise, wie Orest die Folgen dieser Tat erlebt.

Bei Aischylos tauchen die Erinnyen auf, furchtbare, schlangenartige Rachegöttinnen, die Orest verfolgen. Ganz anders bei Euripides; hier erlebt Orest die Tatfolgen innerlich. Auf die Frage seines Freundes Menelaos: «Was ist Dir denn? Welche Krankheit martert Dich?», antwortet Orest: «Gewissensnot: Ich bin der Untat mir bewußt.»[149]

Damit ist zum ersten Mal in der Geschichte der Gewissensbegriff gefaßt; das Gewissen tritt im fünften Jahrhundert in der griechischen Kultur in Erscheinung.[150]

Die angedeutete Wendung nach innen wird durch die Entwicklung des Christentums aufgegriffen und gesteigert. Besonders in den Briefen des Apostels Paulus wird deutlich, daß mit dem Erscheinen des Christus die altjüdische Gesetzesethik zugunsten der freien Gewissensentscheidung überwunden ist. Aus der Fülle der Belegstellen sei nur ein Textabschnitt aus dem Römerbrief zitiert, in dem die neue bewußtseinsgeschichtliche Situation besonders prägnant umrissen wird:

«Und wenn die Völker, die das Gesetz nicht haben, von Natur aus im Sinne des Gesetzes handeln, dann sind eben die, die das Gesetz nicht haben, sich selbst ein Gesetz. Sie lassen erkennen, daß ihnen das dem Gesetz gemäße Tun in ihre Herzen eingeschrieben ist. Sie können sich auf die innere Zeugenschaft des Gewissens verlassen und finden sich so im Widerstreit der anklagenden und verteidigenden Gedanken zurecht.»[151]

Gerade die römische Kultur, in der sich das Christentum entfaltete, war auf das Verstehen des Individualimpulses vorbereitet, räumte doch ihr Rechtsbewußtsein dem Willen des einzelnen – insofern er römischer Bürger (Civis) war – eine wichtige Stellung ein;[152] zudem war schon zur Zeit des Staatsmannes und Philosophen Cicero (106–143 v. Chr.) das römische Wort «conscientia», die Wiedergabe des griechischen Wortes «syneidesis», für den Gewissensbegriff aufgetaucht.[153]

Auch die nordischen Völker, in deren stark empfindungs- und willenshaft gefärbter Mentalität der Ich-Impuls eine wesentliche Rolle spielte[154] – man denke etwa in der germanischen Mythologie an die Gestalt des Thor –, nahmen den Gewissensbegriff auf; unser Wort «Gewissen» ist aus dem althochdeutschen «giwizzani» hervorgegangen, welches der Mönch Notker Labeo um 1000 n.Chr. als Übersetzung des lateinischen Wortes «conscientia» gebrauchte.[155]

Innerhalb eines umfassenden Prozesses der Internalisierung der Moralität – so lassen sich die historischen Betrachtungen zusammenfassen – bildet sich im fünften vorchristlichen Jahrhundert das Gewissen heraus; dabei spiegeln sich die Wirkungen böser Taten, die ein früheres, hellseherisches Bewußtsein in einer geistigen Außenwelt wahrnahm, im Inneren des Menschen. In diesem Zusammenhang erscheint das Gewissen zunächst als rückwärtsgewandte, zutiefst persönliche, aber dennoch objektive Instanz. Was das Gewissen sagt, kann nicht hinwegdiskutiert werden, das Gewissen ist, wie Rudolf Steiner es ausdrückt, der «Abglanz des korrigierenden Weltengeistes, der neben dem Ich wachend steht», es ist «die Stimme des Gottes im Menschen»[156].

Das Gewissen bildet sich also als Frucht einer bewußtseinsgeschichtlichen Entwicklung; jede Frucht aber enthält neue Samen. Betrachtet man das Gewissen unter einer solchen Perspektive, so erweist sich der retrospektive Charakter der Gewissensstimme als nur ein Aspekt ihres Wesens. Denn die Frage: Was habe ich falsch gemacht? enthält den Keim zu jener anderen: Was soll ich tun? Der Blick in die Vergangenheit geht über in die Hinwendung zur Zukunft, die empfundene Reue in den Vorsatz, künftig anders zu handeln. Dieser zweite, «prophetische»[157] Zug des Gewissens hängt mit seinem zunächst verborgenen Willenscharakter zusammen, der über die Reue und den Vorsatz in ein zukünftig verändertes Handeln übergeht. Jedes sinnvolle Handeln aber ist intentional, entspringt einem bestimmten Motiv und richtet sich auf einen gegebenen Weltzusammenhang. Handeln führt daher immer über das bloß Persönliche hinaus; indem ich handle, schaffe oder verändere ich Weltwirklichkeit.

Damit deutet sich eine Metamorphose des Gewissens an: Neben das retrospektive, persönliche Gewissen, das eine begangene Untat bereuen läßt, tritt das prophetische, überpersönliche Gewissen, das zur veränderten, «besseren» Tat ruft.

Geistesgeschichtlich vollzieht sich eine spiralförmige Bewegung: Auf einer früheren Kulturstufe wurden die Wirkungen vergangener Taten in einer geistigen Außenwelt wahrgenommen, in einer mittleren Periode äußerten sie sich im Innenerlebnis des Gewissens, in der Gegenwart entsteht wiederum eine Sensibilität für die zukünftigen Tatenfolgen in der äußeren Welt. Rudolf Steiner hat diese neue Fähigkeit als eine Form übersinnlichen Erlebens einerseits so beschrieben, «daß der Mensch in Bildern sehen wird die Wirkung seiner Taten für die Zukunft»[158]. Andererseits aber werde in ihm auch ein inneres Bild des zu vollziehenden Ausgleichs erstehen:

«Der Mensch wird sich dann sagen: Jetzt habe ich dies getan. Nun wird mir gezeigt, was ich zum Ausgleich tun muß, und was mich immer zurückhalten würde in der Vervollkommnung, wenn ich den Ausgleich nicht vollbringen würde.»[159]

Solche Äußerungen lassen sich in der Gegenwart sicherlich leichter nachvollziehen als noch zu Beginn des Jahrhunderts. Denn die gesamte ökologische Bewegung lebt in dem Ringen um die Möglichkeit, die Folgen unserer Taten im voraus zu sehen. Zudem ergibt sich einer genauen seelischen Beobachtung, daß wir in der Besinnung auf eine vollzogene Handlung oft nicht nur den Wunsch in uns tragen, die gleiche Aufgabe in Zukunft anders zu lösen, sondern auch ein konkretes Bild haben von dem, was wir besser machen würden.[160] Diese aus dem Unbewußten auftauchende willenshafte Erkenntnis hängt mit dem Zukunftsaspekt unseres Ich zusammen; das Ich erschöpft sich nicht in dem, was es von sich weiß, sondern enthält einen geistigen Kern – Rudolf Steiner nennt ihn «Geistselbst» –, der es über die alltäglichen Realisierungen in seine Entwicklungsmöglichkeiten ruft – ein Sachverhalt, der in der anthropologischen Forschung mit dem Wort vom «Antriebsüberschuß» (Arnold Gehlen) nur unzureichend getroffen wird.

Spricht diese Art der Gewissensstimme, wie es Rudolf Steiner vorhergesagt hat,[161] in unserer Zeit? Schon einer kurzen Besinnung zeigen sich bedeutende Gestalten des 20. Jahrhunderts, die eng mit dem Gewissensimpuls verknüpft sind: Albert Schweitzer, Simone Weil, Mahatma Gandhi, Martin Luther King, Dag Hammerskjöld, Mutter Theresa oder Jacques Lusseyran.

Einige Ereignisse aus dem Leben der zuletzt genannten Persönlichkeit seien angeführt, um zumindest anklingen zu lassen, in welche Dimension das neue Gewissenswirken reicht. Wie schon erwähnt, erblindete Jacques Lusseyran im Alter von sieben Jahren. Die für ihn erstaunliche Tatsache ist dann, daß Blindheit keinesfalls Nichtsehen bedeutet; vielmehr erschließen sich ihm neue Wahrnehmungsmöglichkeiten in Form eines inneren Sehens und eines vertieften Hörens. Als Jugendlicher erlebt er, wie Frankreich von deutschen Truppen besetzt wird; er hört, daß Geiseln erschossen, Juden deportiert, Oppositionelle verhaftet werden. Kurz darauf wird er krank. Starke Masern treten auf, begleitet von Fieber und Schüttelfrost. Lusseyran beschreibt nun, wie mit dieser Krankheit sich ein «Entschluß» in ihm festsetzt, der ihm «Befehle» [162] erteilt – der Entschluß, eine Widerstandsbewegung zu gründen – im Alter von fünfzehn Jahren!

Was in diesem Erleben spricht, ist ein neuer Klang der Gewissensstimme: Sie ruft in die Zukunft, spornt an zum Handeln und vermittelt ein inneres Bild dessen, was zu tun ist. Jahre später – die Widerstandsgruppe ist inzwischen verraten und Lusseyran in das Vernichtungslager Buchenwald deportiert worden – erfährt er auf der Schwelle des Todes, bei einer schweren Krankheit, die Quelle dieses Gewissens wesenhaft; er erfährt sie als «hell schimmernde Welle» von Leben und Licht: «Sie berührte mich, schlug über mir zusammen; ich ließ mich auf ihr treiben. Aus der Tiefe meines Erstaunens stammelte ich Namen, oder nein, ich sprach sie sicher nicht aus, sie erklangen von selbst. Vorsehung, Schutzengel, Jesus Christus, Gott. Ich versuchte nicht, nachzudenken. Für Metaphysik war noch viel Zeit! Ich sog an der Quelle. Und dann trank ich, noch und noch! Diesen himmlischen Fluß wollte ich nicht lassen!» [163]

Die Erfahrung, die Lusseyran hier stammelnd umkreist, führt zum Ausgangspunkt der Reflexion über das Gewissen zurück, berührt sie doch die Sphäre des Ereignisses, das in der Johannes-Apokalypse im Bilde der Wiederkunft Christi auftaucht und das Rudolf Steiner als das geistig bedeutendste Geschehen des 20. Jahrhunderts charakterisiert hat. [164] Dieses erneute Christuswirken ist die Grundlage der angedeuteten Wandlung des Gewissens. Indem sich die Individualität über ihre subjektiven Bedürfnisse und Wünsche erhebt und sich für die Anliegen der Mitmenschen, ja der Menschheit öffnet, schließt sie sich an die Kraft des Christuswirkens an; den Weg hat Rudolf Steiner als die Gesinnung beschrieben, «daß ich nur ein Glied in der ganzen Menschheit bin und mitverantwortlich für alles, was geschieht»[165]. Diese Ausdehnung des Ich ist das unmittelbare Gegenteil dessen, was das apokalyptische Tier veranlagen möchte: eine Egoität, die ihre Befriedigung aus der Erfüllung der Triebnatur zieht. Dabei entzündet sich die Gewissenstimme gerade an der Konfrontation mit dem Bösen; die Erfahrung Lusseyrans vermag eine Ahnung von der inneren Beziehung zwischen dem Wirken des Bösen und dem Wiedererscheinen des Christus zu vermitteln, eine Beziehung, zu der Rudolf Steiner in einer seiner Apokalypse-Interpretationen die Anmerkung gemacht hat, erst die Auseinandersetzung mit dem apokalyptischen Tier werde die Menschheit zum richtigen Erfassen des gegenwärtigen Christus führen.[166]

Damit rundet sich der Gedankengang des Kapitels, die zentralen Gesichtspunkte lassen sich zusammenfassend formulieren. Im Kontext der vierten Siebenerfolge, dem Ausgießen der «Zornesschalen», entrollen sich Bilder der Verheerung, welche durch die Verleugnung des geistigen Wesenskerns des Menschen entstehen: Kosmos und Mensch werden tiefgreifend geschädigt. Dabei werden die Folgen der Selbstzerstörung selbst im Zentrum des Bösen offenbar: Sinnlosigkeit, Depression und Krankheit zeigen sich als Signatur des Reichs des Tieres. Können in diesem Motiv Auswirkungen einer materialistischen Grundhaltung gesehen werden, so fällt es nicht leicht, das entsprechende Gegenbild der Apokalypse zu verstehen: das Wiedererscheinen des Christus. Das Symbol der Wolke weist der Deutung eine Richtung: Nicht im physischen Leib erscheint der Christus, sondern in der Sphäre des Lebendigen, welche Natur und Mensch durchdringt und das zwischenmenschliche Begegnen durchzieht.

Rudolf Steiner hat auf die Bedeutung dieser apokalyptischen Motive für die Gegenwart hingewiesen: Einerseits kulminiert ab dem 20. Jahrhundert das Wirken des apokalyptischen Tieres in Angriffen auf das menschliche Ich, andererseits wächst die Erlebnisfähigkeit für die Gegenwart des Auferstandenen.

Das Verständnis für den inneren Zusammenhang beider Ereignisse konnte durch eine Betrachtung zum Gewissen vertieft werden. Das

Gewissen als Stimme des höheren Selbst spricht in der Konfrontation mit dem Bösen; dabei verändert es gegenwärtig seine Gestalt. Trug das Gewissen in der Vergangenheit einen retrospektiven Charakter, indem es nach vollzogener böser Tat zur Reue aufrief, so tritt heute sein prophetischer Aspekt in den Vordergrund: Es ruft auf zum Einsatz für das Gute und schärft das Bewußtsein für zukünftige Tatenfolgen. Dieser Gestaltwandel des Gewissens führt zu einer Ausweitung des Ich, indem es die Verantwortung für das Schicksal des Universums vertieft; in den aufbrechenden Gewissenskräften des 20. Jahrhunderts lebt das Wirken des wiedererscheinenden «Menschensohnes», des kosmischen Urbilds des menschlichen Ich.

Die Erfahrung dieses Wirkens aber, so zeigte der Blick auf Jacques Lusseyran, erschließt sich gerade der menschlichen Ohnmacht in Konfrontation mit den Kräften des Anti-Humanen. Damit läßt sich der innere Bezug zwischen dem Auftreten des radikal Bösen und dem erneuten Christuswirken erahnen: Gerade die Auseinandersetzung mit dem apokalyptischen Tier kann die Menschheit zum richtigen Erfassen des wiederkehrenden Christus führen. Auf dem Hintergrund einer solchen Betrachtung erscheinen die eingangs erwähnten Zeitsymptome mit den unterschiedlichen Nuancen kollektivistischer Tendenzen als Angriffe dieses radikal Bösen; gleichzeitig wird die Aufgabe bewußt, die Gewissenskräfte als Substanz der Individualität zu stärken. Welche pädagogischen Aufgaben sich aus einer solchen Einsicht ergeben, soll im folgenden Kapitel reflektiert werden.

3. Wege zur moralischen Erziehung

Die in den vorangehenden Kapiteln beschriebene Krise der Individualität in der Gegenwart stellt die Erziehung vor fundamentale Fragen. Wie kann einerseits vermieden werden, daß angepaßte Menschen heranwachsen, die sich bequem in Kollektive einordnen? Wie läßt sich andererseits zu einer Freiheit erziehen, die nicht mit dem Ausleben der eigenen Triebhaftigkeit und aggressiver Selbstbehauptung verwechselt wird? Wie kann in Kindheit und Jugend die Grundlage gelegt werden, daß das Gewissen als Stimme des höheren Selbst sprechen kann? Ein Blick auf den Pendelschlag der gegensätzlichen pädagogischen Stile, welche die Nachkriegszeit bestimmt haben, zeigt, wie schwer es gerade in diesen Fragen moralischer Erziehung fällt, die subtile Mitte zu finden.

Die fünfziger Jahre waren noch weitgehend geprägt durch eine traditionelle, «alte Moral», fremdbestimmt, konservativ und autoritär. Man folgte den kirchlichen und staatlichen Normen; der Grundsatz «Strafe muß sein» wurde kaum in Frage gestellt. Das änderte sich im Laufe der sechziger Jahre mit dem Aufkommen der Neuen Linken und dem Versuch einer kritischen Auseinandersetzung mit der nationalsozialistischen Vergangenheit. Theodor W. Adornos Rundfunkmanuskript «Erziehung nach Auschwitz» aus dem Jahre 1966 leitete im Bereich der Pädagogik eine Tendenzwende ein.

Einleuchtender als diese Schrift kann ein Essay über pädagogische Fragen unserer Zeit wohl kaum beginnen: «Die Forderung, daß Auschwitz nicht noch einmal sei, ist die allererste an Erziehung.» Ein solches Postulat, welches das Grauen vor massenhafter Menschenvernichtung und Völkermord beschwört, führt unmittelbar zur Suche nach den Ursachen. Adorno sieht sie nicht nur in gesellschaftlichen Faktoren – wie dem aggressiven Nationalismus –, sondern auch in einer autoritären Erziehung zur Anpassung. «Menschen, die blind in Kollektive sich einordnen, machen sich selber schon zu etwas wie Material, löschen sich als selbstbestimmte Wesen aus. Dazu paßt die Bereitschaft, andere als amorphe Masse zu behandeln. Ich habe die, welche sich so verhalten, ... den manipulativen Charakter genannt. Erst haben die Menschen, die so geartet sind, sich selber gewissermaßen den Dingen gleichgemacht. Dann machen sie, wenn es ihnen möglich ist, die anderen den Dingen gleich.»

Eine solche Pädagogik, welche Anpassung mit den Mitteln von Disziplin und Härte erzwinge, sei zutiefst inhuman: «Dieses Erziehungsbild der Härte, an das viele glauben mögen, ohne darüber nachzudenken, ist durch und durch verkehrt.»

Was aber erscheint Adorno erstrebenswert? Er nennt, anknüpfend an Kant, das Erziehungsziel der Autonomie: «Die Kraft zur Reflexion, zur Selbstbestimmung, zum Nicht-Mitmachen.»

So nachvollziehbar Adornos Ansatz erscheint, so unbeantwortet blieb die Frage nach einer adäquaten pädagogischen Praxis. Experimentierfreudig wie sie war, begab sich die Studentenbewegung auf die Suche nach Antworten; in freier Anknüpfung an A. S. Neills Modell «Summerhill» entstanden antiautoritäre Kinderläden in zahlreichen deutschen Städten. Der pädagogische Aufbruch, das soll nicht verkannt werden, hatte etwas Befreiendes in einer Zeit, in der Werte wie Ordnung, Ruhe und Sauberkeit dominierten. Endlich durften Kinder nackt herumtollen, nach Herzenslust in Matsche pantschen, mit leuchtenden Farben Wände bemalen! Allerdings – die Hoffnung auf den «neuen Menschen» erfüllte die antiautoritäre Welle nicht. Beate Scheffler, Abgeordnete der Grünen und zeitweise jugendpolitische Sprecherin ihrer Fraktion, blickte 1992 selbstkritisch zurück: «Ich halte die emanzipatorische Erziehung nach wie vor für richtig, muß aber feststellen: Wir haben unsere Erziehungsziele nicht erreicht. Statt der mündigen, sozial und ökologisch engagierten, politisch hoch motivierten Jugend hat unsere Erziehung eine Spezies hervorgebracht, die zum überwiegenden Teil egozentrisch, konsumorientiert und im schlimmsten Falle sogar gewalttätig und fremdenfeindlich ist.»[167]

Der heiß umstrittene Diskussionsbeitrag Beate Schefflers erscheint als symptomatisch für die gegenwärtige Verunsicherung. Könnte es sein, daß antiautoritär erzogene Kinder später, als Erwachsene, eine gesteigerte Sehnsucht nach festen Ordnungen entwickeln, die sie in der Kindheit vermissen mußten? Die Erinnerungen eines Lehrers, der sich aus Protest gegen den antiautoritären Erziehungsstil seiner Kindheit einer rechtskonservativen Gruppierung angeschlossen hat, weisen in diese Richtung: «Schon die Erinnerungen an den Kindergarten sind mir heute noch als ein einziger Alptraum im Gedächtnis. Ewig lächelnde Frauen, die nie wußten, ob sie nun eingreifen sollten oder nicht. Wir haben auf die Spielsachen gepinkelt – die haben gelacht. Wir haben ein anderes Kind halbtot geprügelt – die fanden nur freundlich-mahnende Worte für uns. Wir warfen mit dem Essen herum – sie lächelten und sammelten alles wieder ein ... Die Größeren malten die Kleineren an, die vor Angst ruhig dastanden und sich alles gefallen ließen. Die Kleineren hatten vor allem Angst vor den Größeren.»[168] Eine solche Schilderung mag in der Retrospektive polemisch gefärbt sein, sie mag sich auf einen extremen Einzelfall beziehen, immerhin macht sie deutlich, daß nicht nur ein autoritärer, sondern auch ein antiautoritärer Erziehungsstil, wenn er ein bloßes «Laissez faire» bedeutet, für die Entwicklung des Kindes wenig heilsam ist.

Angesichts der pädagogischen Sackgassen der Gegenwart kann es nicht verwundern, daß inzwischen die Möglichkeit von Erziehung im Sinne einer autonomen, zukunftsoffenen, freien Moralität grundsätzlich in Frage gestellt wird. Der schon erwähnte Ethnologe Hans-Peter Duerr hat nachgewiesen, daß alle früheren Gesellschaftsformen, angefangen von den Stammesverbänden der Naturvölker über die antiken Kulturen bis hin zur mittelalterlichen Gesellschaft, von äußeren Normen und Tabus bestimmt und von Mechanismen intensiver sozialer Kontrolle durchzogen waren. Erst mit Beginn der Neuzeit habe ein Internalisierungsprozeß eingesetzt, der Versuch, «die schwächer gewordenen äußeren Kontrollen ins Innere der Menschen zu verpflanzen, die Außenzwänge in Selbstzwänge zu verwandeln». Dieses «Zivilisierungsprogramm» müsse heute als gescheitert gelten: «Das Gewissen hat versagt.»[169] Andernfalls gäbe es nicht die dramatische Zunahme an Gewalt im Krieg, die Morde an Ausländern, die Brutalität der ABC-Schützen auf dem Schulhof.

Eine solche resignative Perspektive, die in letzter Konsequenz die Möglichkeit von Bewußtseinsentwicklungen verneint, wirkt im Blick auf die erschreckenden Ereignisse des 20. Jahrhunderts zunächst plausibel. Doch bleibt auf dem Hintergrund der im vorangehenden Kapitel angestellten Überlegungen zum Gewissen zu fragen, ob schon ausreichend verstanden worden ist, was Erziehung im Sinne einer freien Moralität bedeutet, von einer entsprechenden Praxis ganz zu schweigen. Es sollen daher im folgenden einige Aspekte zur moralischen Erziehung entwickelt werden; dabei wird es auch um die Problematik des adäquaten Strafens gehen. Grundlegendes Anliegen einer modernen Erziehung, so viel ergibt sich aus dem bisher Gesagten, wird es sein, die Quellen freizulegen, aus denen der individuelle Gewissensimpuls fließt. Die Strafe im herkömmlichen Sinn, verstanden als Zuchtrute des Erziehers, erscheint demgegenüber als wenig geeignetes Mittel moralischer Erziehung; sie entspringt vielfach einem irrationalen Bedürfnis nach Vergeltung und Rache und hat oft nicht die Besserung des Kindes, sondern Verstocktheit, Duckmäusertum und Angst zur Folge. Ganz besonders gilt dies für die Prügelstrafe. Man mag sich da gerne täuschen; noch immer wird von manchen eine gelegentliche Ohrfeige des Lehrers nicht nur entschuldigt, sondern für pädagogisch vertretbar gehalten.

Nehmen wir eine konkrete Szene: In einer ersten Klasse zieht ein kräftiger Junge ein viel schwächeres Mädchen brutal an den Haaren. Der Lehrer betritt das Klassenzimmer, bemerkt die Situation und versetzt dem Jungen kurzentschlossen eine kräftige Ohrfeige; das geschlagene Kind erschrickt, kommt zu sich und läßt von dem Mädchen ab. Der Fall scheint bereinigt; die Strafe ist offensichtlich im rechten Augenblick, in vertretbarem Maße, mit guter Wirkung erfolgt. Aber vielleicht nur auf den ersten Blick! Denn wie sehen die langfristigen Wirkungen aus? Bleibt nicht, gerade bei Kindern, die wiederholt geschlagen werden, ein leises Gefühl der Verletzung der eigenen Menschenwürde zurück, das es später schwermacht, die Menschenwürde der anderen zu respektieren? Rudolf Steiner hat sich gegenüber dem Kollegium der ersten Waldorfschule, in dem offensichtlich einige «Ausrutscher» vorkamen, am 6. Februar 1923 dezidiert so geäußert: «Es kommt vor, daß gesagt wird, Waldorflehrer hauen. Nun haben wir oftmals über diese Haufrage gesprochen. Es ist so, daß man durch das Prügeln nicht die Disziplin hebt, sondern sie verschlechtert.» [170]

Folgt nun aus dem Gesagten, so bleibt weiter zu fragen, daß überhaupt nicht gestraft werden soll? Die knappen Anmerkungen zur Fragwürdigkeit einer antiautoritären Erziehung suchten deutlich zu machen, daß ein «Laisser faire» ebenso falsch wäre wie rigoroses Durchgreifen. Nicht ein Verzicht auf Strafen erscheint sinnvoll, sondern ihre Verwandlung. Wann ist Strafe ein sinnvolles Erziehungsmittel? Eine allgemeine Bedingung läßt sich sicher formulieren: Wenn sie nicht aus dem Motiv der Vergeltung für eine vergangene Untat verhängt wird, sondern als Hilfestellung für ein zukünftig richtiges Verhalten. Soll aber Strafe in diesem Sinne bewußtseinserweiternd wirken, sind folgende Elemente unverzichtbar: Die Strafe sollte die Folgen des Geschehens anschaulich vor Augen stellen, sie sollte den Aspekt einer ausgleichenden – nicht vergeltenden! – Gerechtigkeit haben und den Willen des Kindes impulsieren; die Anschaulichkeit in bezug auf die Tatfolge kann zur Reue, die Perspektive der ausgleichenden Gerechtigkeit zum Vorsatz führen; das Tun schließlich enthält ein Element, das traditionell mit «Buße» bezeichnet wird. Es sei im folgenden versucht, diese allgemeinen Gesichtspunkte zu konkretisieren; dabei soll der Blick auf die verschiedenen Lebensalter, vor allem auf die frühkindliche Entwicklung gelenkt werden, haben sich doch gerade für die moralische Erziehung die ersten Lebensjahre als entscheidend erwiesen.

Wir brauchen als Erzieher, soviel mag deutlich geworden sein, nicht Moralität in das Kind hineinzulegen; vielmehr bringt es moralische Grundqualitäten mit in das Leben hinein. Allerdings sind diese Anlagen zu ihrer Entfaltung auf die Hilfe von uns Erwachsenen angewiesen. Was wird nun mitgebracht, und wie verläuft die Entwicklung?

Das Kleinkind

Es ist vielfach empfunden und beschrieben worden, wie sich in der unmittelbaren, ungeschützten Zuwendung des Kindes zur Welt eine elementare Lebensbejahung, ein Urvertrauen ausdrückt; das Kleinkind lebt – wie es Rudolf Steiner formuliert hat – in der unbewußten Grundannahme: «Die Welt ist moralisch.» [171] Ausdruck dieser Einstellung ist die Nachahmung; sie ergibt sich aus der Tatsache, daß das Kleinkind nicht in sich, sondern in der Umgebung lebt. [172] Hier hat die Erziehung anzusetzen; sie verläuft nicht über Ermahnungen oder Belehrungen, sondern über das «rechte Tun». Drei Elemente sind in diesem Zusammenhang zu nennen.

Zunächst einmal geht es darum, eine Atmosphäre elementarer Geborgenheit zu schaffen. Das Kind ist eine «physiologische Frühgeburt»; weit davon entfernt, bald selbständig zu werden, ist es auf die Nähe und Hilfe des Erwachsenen angewiesen, die verlassene Hülle des Mutterleibes ist durch eine «Wärmehülle» zu ersetzen.[173] In früheren Zeiten ist das immer empfunden worden, manche Traditionen haben sich in diesem Zusammenhang bis heute erhalten. So werden viele Kinder in Indien, Äthiopien, Peru und Mexiko im ersten, manchmal auch im zweiten Jahr von der Mutter im Tragetuch in unmittelbarer Körpernähe herumgetragen. Obwohl hier wenig Raum zur Eigenaktivität gegeben ist und die Kinder wegen der Umhüllung im Tragetuch kaum Gelegenheit zum Beobachten der Umwelt hatten, schnitten sie bei Entwicklungstests nicht viel schlechter ab als nordamerikanische Kinder.[174] Diese Ergebnisse – so interpretiert die Psychologin Jirina Prekop – «erstaunen umso mehr, da die Tests für nordamerikanische Kinder entwickelt wurden, die zu den erwarteten Ergebnissen geradezu trainiert wurden, u. a. durch anregendes Spielzeug, aber auch durch genügend Freiheit, um die Fortbewegung ausprobieren zu können»[175].

Die gesunden Instinkte überkommener Traditionen sind heute durch ein Handeln aus Erkenntnis zu ersetzen. Das Kleinkind erfährt – und das ist in der ersten Zeit entscheidend – über den Tast- und Wärmesinn eine elementare Geborgenheit. Darum ist in den ersten sechs Monaten die körperliche Nähe der Eltern entscheidend; das beginnt mit dem Stillen nach der Geburt und dem «Rooming-in» in der Klinik und setzt sich fort mit der guten Gewohnheit, das Kleinkind in der Nähe der Eltern schlafen zu lassen, es herumzutragen und auf dem Schoß sitzen zu lassen. Eine enge Bindung in der frühen Kindheit ist die Voraussetzung, daß sich das Kind später lösen kann, das Erfahren von Liebe Vorbedingung, später selbst Liebe geben zu können. In diesem Zusammenhang ist ein Ergebnis anthroposophischer Sinnesforschung bemerkenswert: Im Tasten, Sehen und Hören erlebt das Kind nicht nur die Leiblichkeit des Gegenübers, sondern durch die Physiognomie hindurch auch sein Ich. Die Bedeutung dieser Ich-Wahrneh-

mung des anderen, die man auch als «Du-Evidenz» bezeichnen könnte, kann an dem berühmten – im übrigen moralisch bedenklichen –
«Still-face-Experiment» mit Säuglingen nacherlebt werden: «Drei Minuten lang sollten Mütter, von einer Videokamera überwacht, nicht auf
Lächeln, Berührung oder sonstige Reize ihrer zwei Monate alten Kleinen reagieren. – Anfangs versuchten die Babies erst einladend, dann
zunehmend verzweifelt und aufgeregt, das versteinerte Gesicht der
Mutter wieder zum Leben zu bringen. Schließlich wandten sie sich erschöpft und apathisch ab, sie gaben auf. Es dauerte eine Weile nach
dem Ende des Experiments, bis sie wieder überzeugt waren, daß die
Welt nicht völlig aus den Fugen geraten sei.» [176]

Läßt man ein solches Experiment auf sich wirken, so wird verständlich, warum das Kind für seine gesunde moralische Entwicklung in
den ersten drei bis fünf Jahren auf zumindest eine feste Bezugsperson:
die Mutter, den Vater oder einen anderen Menschen, angewiesen ist;
im Begegnen mit einem verläßlichen Gegenüber erfährt es elementar,
was Menschsein überhaupt bedeutet. Die Tatsache, daß diese Erfahrung Kindern und Jugendlichen in wachsendem Maße fehlt, hängt
ursächlich mit der aktuellen Gewaltproblematik zusammen. In ihrer
Arbeit mit mehr als 200 zur Aggression neigenden Kindern und
Jugendlichen hat das Ehepaar Petermann Defizite im Auffassen des
anderen diagnostiziert; es fehlt die Fähigkeit, das menschliche Antlitz,
die menschliche Stimme als Ausdruck einer Individualität zu erleben.[177] Auf dem Hintergrund solcher Untersuchungsergebnisse erscheinen gerade die frühkindlichen Sinneserfahrungen des Kindes an
den Menschen seiner Umgebung in einem neuen, bedeutenden Licht.

Ein zweites Element, das die Geborgenheit eher ins Seelische erhebt, ist die Pflege der natürlichen Religiosität des Kindes. Das, was
das Kind mitbringt an unmittelbar freudigem Staunen gegenüber den
Erscheinungen der Welt, kann hier aufgegriffen werden: im täglichen
Tischspruch, bei den Jahresfesten, im Morgen- und Abendgebet. Besonders der richtige Übergang in die Sphäre der Nacht erscheint wesentlich. Denn was wird in der Nacht erlebt? Forschungen haben ergeben, daß sich das Verhältnis von Puls und Atem, das am Tag bei
verschiedenen Menschen individuell unterschiedlich ist und zudem er-
heblichen Schwankungen unterliegt, in der Nacht, gegen drei Uhr, auf

das Verhältnis von 4:1 harmonisiert.[178] Vergegenwärtigt man sich, daß der Atemrhythmus in enger Verbindung steht zu der jeweiligen seelischen Gestimmtheit, drängt sich die Frage auf, welche unbewußten Erlebnisse denn im Tiefschlaf gemacht werden können? Eine solche Frage bildet eine Brücke zu den Forschungsergebnissen Rudolf Steiners, der beschreibt, wie der Mensch im Schlaf seinem höheren Selbst begegnet.[179] Die Art, wie das Kind in den Bereich des Schlafes hinübergeführt wird, erscheint in diesem Zusammenhang von Bedeutung für seine moralische Entwicklung.

Das dritte Element, das unmittelbar willensbildend wirkt, ist das sinnvolle Handeln des Erwachsenen in der Umgebung des Kindes. Nicht indem ich erkläre, wie wichtig es sei, die Blumen nicht zu zertrampeln, lege ich den Keim für ein ökologisches Bewußtsein, sondern indem ich mit dem Kind ein Blumenbeet anlege. Die innere Haltung, mit der gerade lästige, sich vielfach wiederholende Tätigkeiten durchgeführt werden, ist besonders wichtig; das freudige, kraftvolle Tun des Erwachsenen – so schwer es im konkreten Einzelfall auch sein mag, die nötige Positivität und Energie aufzubringen – fördert Mut und Lebenszuversicht; überdrüssiges Handeln schafft eine Anlage zu Ängstlichkeit und Lebensunlust. Die Erziehung in den ersten Lebensjahren stellt sich somit – und gerade darum ist sie so schwer – vor allem als Selbsterziehung des Erwachsenen dar.

Wie sieht in diesem Lebensalter das sinnvolle Strafen aus? Gehen wir aus von einem konkreten Beispiel: Ein vierjähriger Junge wirft beim Herumtoben eine Vase um. Zwei Möglichkeiten eines falschen Reagierens sind zu vermeiden. Bekommt der Erwachsene einen Wutanfall, so wird er das Kind erschrecken, unternimmt er überhaupt nichts – «ist nicht so schlimm, wir haben ja eine Haftpflichtversicherung» –, legt er den Keim für eine Geringschätzung der Dinge in der Umgebung des Kindes.

Eine Besinnung auf die Elemente, die wir für sinnvolles Strafen entwickelt haben, kann hier weiterführen. Zunächst einmal sind die Folgen der Tat anschaulich zu machen: Die Scherben werden mit einem Ausdruck des Bedauerns – «schade, die schöne Vase!» – betrachtet. Dann geht es um den Ausgleich der Tatenfolgen – die Scherben werden mit dem Kind zusammengefegt, in den Mülleimer verfrachtet, gegebenenfalls wird eine neue Vase gekauft. Der Appell an den Willen kann folgen: «Paß auf, daß so etwas nicht noch einmal passiert!» Der Erwachsene wirkt in diesem Alter als Stellvertreter des Kindes; er bringt die Sache in Ordnung und regt damit die Nachahmung an.

Nun kann den bisherigen Ausführungen mit dem berechtigten Einwand entgegengetreten werden, sie stellten das Kleinkindalter als allzu harmlos und harmonisch dar. Denn es treten ja nicht nur Lebensbejahung, Bindung an den Erwachsenen und Nachahmungsfähigkeit auf, sondern ebenso – besonders ab dem dritten Lebensjahr – Verneinung, Loslösung und Trotz. In diesem Zusammenhang ist das Buch «Der kleine Tyrann» von der schon erwähnten Psychologin Jirina Prekop aufschlußreich. Frau Prekop diagnostiziert darin eine wachsende Herrschsucht unter Kindern und schildert aus ihrer Beratungspraxis eindrückliche Beispiele. Der Fall des kleinen Sven, dessen Eltern ihrem Erstgeborenen besonders viel Liebe und Geborgenheit schenken wollten, sei herausgegriffen; er verdeutlicht, wie schnell ein Kind zum Tyrann werden kann.

«Mit acht Monaten hatte Sven einen fieberhaften Infekt, der einen Fieberkrampf nach sich zog. Das Fieber war abgeklungen, trotzdem weinte er in der Nacht. Und nun erlebte Sven in seiner magischen Welt, zu der er, die Eltern und die Wohnung gehörten, ein grandioses Ereignis: In der Ferne, wie auf einem Planeten, geht das Licht an. Im elterlichen Schlafzimmer, im Wohnzimmer, im Flur und im Kinderzimmer. Es werde Licht! – so ähnlich muß ein Allmächtiger empfinden. Solange das Kind noch weint, kommt die große Mutter durch diese magische Welt, die einem All gleicht, immer näher auf das Kind zu. Sie prüft gewissenhaft, was dem Kind fehlen könnte. Es hat kein Fieber mehr, ist auch nicht naß, aber vielleicht könnte es Durst haben. Sie geht in die Küche, um die Flasche in dem eigens dafür vorgesehenen Elektrowärmer aufzuwärmen.

Sven erlebt, daß sein Weinen das große Licht, das Kommen der Mutter und das Reichen der Flasche ausgelöst hat. Er trinkt nicht, denn er hat gar keinen Durst. Aber er läßt sich beruhigen, und die Mutter löscht wieder alle Lichter und geht ins Schlafzimmer zurück.

Das war ein großartiges Erlebnis für Sven! Welch ein berauschendes Gefühl, die ganze Welt bewegt zu haben; das ist überhaupt nicht zu vergleichen mit den Spielchen, die die Mama am Tage mit ihm macht. Er versucht es noch einmal – und tatsächlich, sobald er die Stimme erhebt, wiederholt sich das all-bewegende Geschehen und wieder ist das berauschende Gefühl da, das einer Allmacht gleicht.»[180]

Die nächste Nacht probiert es Sven noch einmal, und, wie erwartet, es funktioniert. Jetzt häufen sich die Schreiattacken; die Mutter läuft fünf-, zehn-, zwanzigmal zwischen elterlichem Schlafzimmer und Kinderzimmer hin und her, Sven macht die Nacht zum Tage. Bald reicht es ihm nicht mehr, herumgetragen zu werden; erst wenn die Mutter ihn ins Wohnzimmer bringt und er das Licht anknipsen darf, spürt er seine Wirksamkeit. Dann will er spielen und ruht nicht eher, bis die große Mama die Spielzeugautos hervorholt, und er sie zum Umgang mit den Autos und zum «Tüt-Tüt-Sagen» anleitet – er hat ihre Hand und ihre Stimme fest im Griff.

Schon die Schilderung dieses und ähnlicher Fälle verdeutlicht, was hier verlangt ist: Grenzen zu ziehen, Schreien und Wutanfälle des Kindes in Kauf zu nehmen und, wenn es nicht selbst aus der Wut herausfindet, das Kind in den Arm zu nehmen, festzuhalten und zu besänftigen. So kann einerseits die Stärke des Erwachsenen empfunden werden, andererseits die Möglichkeit, Aggressionen auszuleben, ohne Liebesentzug befürchten zu müssen. Rezepte sind hier fehl am Platz; die subtile Linie zwischen dem berechtigten Bedürfnis nach Zuwendung und dem beginnenden Versuch, die Eltern von sich abhängig zu machen, wird immer neu zu ziehen sein.

Besonders interessant erscheinen in diesem Zusammenhang empirische Untersuchungen eines Forscherteams um den Amerikaner Gerald Patterson. Die Wissenschaftler haben durch jahrelanges Beobachten verfolgt, wie Kinder immer aggressiver werden, wenn Erwachsene auf ihre zunächst harmlosen Unarten unangemessen reagieren.[181] Ein Kind quengelt und schreit, um ein Stück Schokolade zu bekommen. Die Mutter oder der Vater lehnt zunächst ab, läßt sich aber schließlich erweichen. Was hat das Kind bei diesem einfachen Vorgang gelernt? Du mußt nur lange genug brüllen, um etwas zu erreichen; eine bestimmte Unart wird – psychologisch gesprochen – durch den Erfolg verstärkt, sie wird somit in Zukunft häufiger.

Pädagogisch noch ungünstiger wirkt eine zweite Variante: Die Eltern geben nicht gleich nach, sondern fangen zunächst an zu schimpfen und an dem Kind herumzunörgeln. Dieses Nörgeln ist dem Kind unangenehm. Es will aber sein Ziel nicht so schnell aufgeben und fängt darum zu schreien oder zu weinen an. Das wiederum nervt die Eltern; um endlich Ruhe zu haben, geben sie nach.

Eine solche Interaktionssequenz wird von Patterson als «coercion» bezeichnet: Kind und Eltern setzen sich gegenseitig unter Druck. Läuft ein solches Reaktionsschema viele Male am Tag ab und bestimmt die Atmosphäre in der Familie, wächst die Gefahr, daß es mit einer körperlichen Aggression endet.

Häufig ist das zunächst unter Geschwistern der Fall. Ein Beispiel: Der kleine Bruder hat der älteren Schwester ein Spielzeug weggenommen. Sie will es wieder zurückhaben. Da sie gelernt hat, ihren Willen durch Schreien kundzutun, fängt sie laut zu weinen an. Der Bruder, der es auch gelernt hat, sich lautstark zu behaupten, schreit zurück. Dies wiederum ärgert die Schwester, die jetzt beginnt, den Bruder zu beschimpfen. Um das ihm unangenehme Schimpfen zu beenden, fängt der Bruder an, mit seinen Fäusten auf die Schwester einzuschlagen. Diese zieht sich jetzt weinend zurück und überläßt dem Bruder das Spielzeug. Die Eltern greifen nicht ein.

Der Bruder hat bei dieser Gelegenheit Entscheidendes gelernt: Man kann das unangenehme Schimpfen durch Aggression beenden, und man kann einen Streit mit Fäusten für sich entscheiden. Erlebt er das immer wieder, wird er sich als Schulkind und später als Jugendlicher ähnlich verhalten – vielleicht bis hin zu Schlägen gegenüber den eigenen Eltern, die letztlich die Verantwortlichen für ein solches Verhalten sind.

Im Grunde genommen wird durch die angeführten Untersuchungen empirisch bestätigt, was sich der Laie durch genaues Beobachten und unbefangenes Überdenken pädagogischer Situationen selbst sagen kann: Das schlimmste Gift für Kleinkinder ist das inkonsequente Verhalten der Erzieher. Wie leicht aber Konsequenz und Beständigkeit zu fordern und wie schwer sie zu verwirklichen sind, weiß jeder, der mit den «lieben Kleinen», die gelegentlich wirkliche Nervensägen sein können, Umgang hat.

Für die moralische Erziehung ist das Elternhaus sicherlich wichtiger als die Hochschule; die gesellschaftliche Anerkennung der im Elternhaus geleisteten Erziehungsarbeit erscheint demgegenüber wenig entwickelt.

Das Schulkind

Im Übergang zum Schulalter, auf das im folgenden hingeblickt werden soll, vollzieht sich neben dem körperlichen Gestaltwandel auch eine Metamorphose der seelischen Konstitution des Kindes: Die Welt wird nicht mehr unmittelbar nachgeahmt, sondern in inneren Vorstellungen erbildet. Mit dieser Wendung nach innen hängt auch die Entwicklung der Gewissenskräfte zusammen, welche sich besonders in den Jahren der mittleren Kindheit vollzieht.[182] In diesem Alter sehnt sich das Kind nach lebensvollen Bildern; darin drückt sich, so umreißt es Rudolf Steiner, die halbbewußte Grundannahme aus: «Die Welt ist schön.»[183]

Hier liegt die Wurzel für ein kindliches Bedürfnis, das sich mit dem vielfach mißverstandenen Wort «Autorität» andeuten läßt, wenn man sich folgendes vergegenwärtigt: In diesem lateinischen Ausdruck schwingt das Verb «augere» mit, es bedeutet soviel wie «vermehren, reich machen». Dem Erwachsenen wird von dem Kind Autorität zugesprochen, der es versteht, den Reichtum der Welt anschaulich und lebendig zu schildern. War im ersten Lebensabschnitt das «rechte Tun» das entscheidende Erziehungsmittel, so ist es jetzt das Bemühen um das «rechte Wort». In diesem Zusammenhang ist das schon im zweiten Kapitel beschriebene Bemühen um das Bildhafte entscheidend[184]; Andeutungen mögen daher genügen. Einerseits können erstrebenswerte Tugenden durch Erzählungen gefördert werden; man denke etwa an einen ängstlichen Jungen, für den Märchen wie «Das tapfere Schneiderlein», «Die Bremer Stadtmusikanten» oder «Von einem der auszog, das Fürchten zu lernen» heilsam sind; vielfältigste Motive aus den Biographien historischer Persönlichkeiten, von Sokrates, von Buddha, von Franziskus bieten sich im 11./12. Lebensjahr, wenn sich die Gewissenskräfte ausbilden, an. Andererseits lassen sich Untugenden durch selbstentwickelte Geschichten bekämpfen; die Erzählung von einer Schnecke, die immer zu spät kommt, kann auf einen allzu langsamen Jungen aufweckend wirken, ohne daß er intellektuell ermahnt wird. Die Bedeutung einer niveauvollen Sprache als entscheidendes Mittel seelischer Differenzierung im Volksschulalter erweist sich in dem Maße, wie die negativen Folgen des gegenwärtigen Sprachzerfalls sichtbar werden. Wenn heute in vielen Familien – abgesehen von Banalitäten – tage- und wochenlang kein Wort miteinander gesprochen wird, wenn manchen Kids in der Schule nur Schlagwörter wie «Wahnsinn! Geil! Kotz! Würg!» aus den Mündern tropfen, wenn Werbesprüche und Klischees Argumente und Gedanken verdrängen, wenn bei über 60 % von 310 in Essen untersuchten Lehramtskandidaten im Fach Deutsch eine Sprach- und/oder Stimmstörung diagnostiziert wird, dann kann nicht verwundern, daß die Faust das Wort verdrängt.[185]

Auch auf dem Felde der Sprachpflege zeigt sich heute die Aktualität der pädagogischen Ansätze Rudolf Steiners. Kommunikationsstudien, die auf der Mikroanalyse gefilmter menschlicher Verhaltensweisen beruhen, haben ergeben, daß der Hörer die Äußerungen des Sprechers mit feinsten, dem bloßen Auge unsichtbaren, rhythmischen Bewegungen des Kopfes, der Arme, Finger usw. begleitet; die Auffassung, aber auch Gestaltung von Sprache hängt eng mit dem Bewegungsorganismus zusammen.[186] Auf diesem Hintergrund erscheint die Bewegungskunst der Eurythmie als sichtbar gemachte Sprache in ihrer sprachfördernden Bedeutung, aber auch das Turnen, das Formenzeichnen, die Freihand-Geometrie oder der schon besprochene weite Bereich des praktischen Unterrichts. Auch unter dem Aspekt moralischer Erziehung sollte auf diese Felder ebenso die Aufmerksamkeit gerichtet werden wie auf die unmittelbare Arbeit an der Sprache durch Rezitation und Schauspiel.

Und die Strafe in diesem Lebensalter? Ein Lehrer erfährt, daß einige Kinder seiner fünften Klasse beim Ladendiebstahl erwischt worden sind. Nachdem der erste Zorn verraucht ist, versucht er, im Gespräch mit der Klasse ein genaues Bild des Tatherganges und der Tatfolgen zu bekommen: Wer war dabei? Was habt ihr gestohlen? Warum? Allmählich melden sich die Beteiligten. Es kommt heraus, daß sie eigentlich Kleinigkeiten wie Notizblöcke, Bleistifte, Radiergummis und Anspitzer genommen haben. Als Motiv ein Achselzukken: «Es war halt spannend ...» Die Sinnlosigkeit des Geschehens liegt auf der Hand; im weiteren Fortgang des Gesprächs wird der Entschluß gefaßt, das Gestohlene zurückzugeben und dem Verkaufsleiter einen Entschuldigungsbrief zu schreiben. Das geschieht am nächsten Tag. Im Vergleich zur frühen Kindheit ist der Erwachsene jetzt nicht mehr Stellvertreter des Kindes, sondern Initiator und Begleiter eines Vorganges, in dem der Blick auf die Tat freigelegt und die ausgleichende Gerechtigkeit gefunden wird; für die Konsequenzen haben die Schüler selbst geradezustehen.

Der junge Mensch

Ein weiterer Wandel der seelischen Grundhaltung findet an der Schwelle zum Jugendalter statt. Rudolf Steiner beschreibt ihn als Metamorphose des Liebewillens zum «Pflichtwillen».[187] Nicht die Bereitschaft zur Übernahme konventioneller Gebote ist hier gemeint, sondern die Sehnsucht, eine selbstgewählte Aufgabe zu ergreifen und darin die eigene Identität zu finden. Diese oft uneingestandene, aber verzweifelte und hartnäckige Suche entspringe der Erwartung des Jugendlichen: «Die Welt ist wahr»[188] – was eben existentiell besagt: Ich kann, wenn ich nur genügend suche, meine Wahrheit finden

Allerdings zeigt jeder unvoreingenommene Blick in die Gegenwart, daß diese Identitätsfindung heute vielfach bedroht ist. Denn gerade in der Pubertät treten im Zusammenhang mit den sexuellen Reifungsprozessen und der Verstärkung der subjektiven seelischen Kräfte, die vor allem Kräfte des Begehrens sind, die zu Anfang des Kapitels beschriebenen Gefährdungen an den Jugendlichen heran. Wenn es nicht gelingt, Weltinteresse und einen objektiven Weltbezug herzustellen, wenden sich die Kräfte des Begehrens auf das eigene Selbst: Aggressive Selbstbehauptung und Selbstgenuß in Form einer triebhaft ausgelebten Sexualität ohne Partnerbezug oder in Form eines Abgleitens in die Nikotin-, Alkohol- oder Drogensucht können die Folge sein.[189] Als dritte Variante fehlgeschlagener Identitätsfindung tritt die Selbstverleugnung auf: Weil es so schwer ist, individuelle Lebenswege zu gehen, schließt man sich einer autoritär strukturierten Gruppe oder Sekte an. Auf der anderen Seite ist gerade das Jugendalter die Lebensphase, in der – wenn die vorangehende Entwicklung gesund verlaufen ist – die menschheitlichen Ideale als Substanz der neuen Gewissenskräfte in der Seele aufleuchten: die Sehnsucht nach Erkenntnis, Partnerschaft und Solidarität.

Vieles von dem, was in diesem Lebensalter pädagogisch gefordert ist, wurde in den vorangehenen Ausführungen schon skizziert: Es gilt einerseits, die Triebkräfte durch sinnvolles Tun so zu lenken, daß sachgerechtes Handeln und damit Weltveränderung und Selbstverwirklichung möglich wird; es geht andererseits darum, die Willenskräfte durch Anregung von Weltinteresse und Einüben von Urteilsbildung so zu verfeinern, daß der Jugendliche zu einem lebendigen Denken und damit zur Welterkenntnis und Selbstbestimmung erwacht.

Über diese Arbeit an den seelischen Dispositionen zur Ich-Reifung hinaus aber ist es in den Oberstufenklassen notwendig, die zivilisatorischen Gegenkräfte bewußtzumachen und orientierende Sinnperspektiven zu entwickeln. Die Überwindung des Materialismus stellt sich in diesem Zusammenhang als die zentrale Herausforderung einer Pädagogik des Jugendalters dar. Im Mittelpunkt dieses Ringens steht die Auseinandersetzung um das Menschenbild. Ist der Mensch ein zur Unfreiheit verdammtes Wesen, determiniert durch die genetische Information, die sexuellen Triebe, durch Blut und Boden oder die Klassenzugehörigkeit? Oder ist es die Bestimmung des Menschen, zur Freiheit zu erwachen?

Fäden zu dieser Fragestellung schlingen sich durch die verschiedensten Fachgebiete hindurch; im Zentrum ihrer Beantwortung steht der Gesichtspunkt der Entwicklung. So kann bei der Behandlung der Evolution im Biologieunterricht gezeigt werden, wie im Übergang von den niederen zu den höheren Tieren die Lebensräume erweitert und neue Fähigkeiten ausgebildet werden; man kann den Menschen mit dem Affen vergleichen und deutlich machen, wie beim Affenbaby noch eine verblüffende Ähnlichkeit mit dem Menschen vorhanden ist, dann aber ein Absinken in die Schwerkraft erfolgt, während der Mensch durch die Aufrechte die Möglichkeit gewinnt, sich der Welt erkennend gegenüberzustellen und sie zu gestalten.

In welchen Bewußtseinsschritten sich dieser Weltbezug ausgebildet hat, zeigt der Blick auf die Abfolge der Kulturen im Geschichtsunterricht, deren Behandlung schon in der Klassenlehrerzeit angelegt und in der Oberstufe auf einer höheren Reflexionsstufe aufgegriffen wird. Die Geschichte erscheint dabei als ein Aufwachprozeß, der von einem noch träumenden über ein erwachendes bis hin zu einem erwachten Selbstbewußtsein führt,[190] als ein «Fortschreiten im Bewußtsein der Freiheit» (Hegel). Damit wird der geistesgeschichtliche Ort der Gegenwart bewußt: Erstmals ist es in die Freiheit des Menschen gestellt, ob und wie die Evolution weitergeht. Die Menschheit als Ganzes steht heute vor der gleichen Frage, die sich auch im Jugendalter stellt, der Frage, ob und wie das Ich gebildet wird: in egoistischer Verhärtung oder im Öffnen für den anderen. Seit dem Beginn der Neuzeit läßt sich diese Ambivalenz verfolgen. Gerade die Völker, bei denen sich die Kräfte der Persönlichkeit: Selbstbewußtsein, Mut und Initiative, am deutlichsten ausgeprägt haben, nämlich die europäischen, greifen mit der Freude des Entdeckers, aber auch mit der Faust des Eroberers in den Raum hinaus – das 15./16. Jahrhundert ist auch der Ausgangspunkt der Kolonisation, des Nationalismus, des Fremdenhasses und Völkermordes. Bei der Behandlung dieses dunklen Kapitels, das auch den Imperialismus, die Weltkriege und die totalitären Systeme des 20. Jahrhunderts umfaßt, kommt aus deutscher Perspektive der Behandlung des Nationalsozialismus eine besondere Bedeutung zu; hier läßt sich unmittelbar nacherleben, wie – um das Wort Rudolf Steiners aufzugreifen – «das Tier aus dem Abgrund steigt», wie mit der Gleichschaltung, der Rassenideologie und der Praxis der Völkervernichtung ein Angriff auf die Individualität erfolgt ist, der in apokalyptische Dimensionen reicht. Die Kräfte, die sich in diesen Geschehnissen kristallisiert haben, sind nicht überwunden, sie leben fort in den vielfach charakterisierten antipersonalen Zeittendenzen, sie leben in den Versuchen der Manipulation des Menschen durch Gentechnologie, sie leben in der fortbestehenden Drohung der physischen Vernichtung der Menschheit durch Massenvernichtungsmittel. So notwendig es ist, im Unterricht der Oberstufe diese Gefährdungen bewußtzumachen, so sehr wird es darauf ankommen, auch die positiven Entwicklungen herauszuarbeiten: den Kampf um die Menschenrechte, besonders um geistige Freiheit, die wachsende Sensibilität gegenüber der Natur, das stärker werdende Bewußtsein, einer Menschheit anzugehören und füreinander verantwortlich zu sein. Gerade in dem inneren Bezug zwischen den Kräften des Bösen und den menschheitlich werdenden Gewissenskräften liegt die apokalyptische Signatur unserer Zeit; sie läßt sich im Unterricht andeuten in der Beschäftigung mit den Persönlichkeiten des 20. Jahrhunderts, in denen das Licht der neuen Gewissenskräfte in besonderer Weise aufgeleuchtet ist: Ein Gandhi hat seine moralische Kraft im Gefängnis, ein Solschenizyn im Archipel Gulag, ein Lusseyran in Buchenwald, eine Mutter Theresa in den Elendsvierteln von Kalkutta erhalten und festigen können. Im Beschäftigen mit solchen Biographien offenbart sich etwas von dem Geheimnis, das Rudolf Steiner mit dem Wort angedeutet hat, die Kräfte des Bösen seien «wahrhaftig nicht da, um böse Handlungen hervorzurufen, sondern sie sind gerade dazu da, damit der Mensch auf der Stufe der Bewußtseinsseele zum geistigen Leben durchbrechen kann»[191]. Ein Wissen darum, daß das Spirituelle heute nicht in der heilen Welt einer abgeschiedenen Idylle, sondern gerade in der Konfrontation mit den Krisen der Zeit zu entwickeln ist, sollte in der Waldorfschule in einer Atmosphäre lebendiger Zeitgenossenschaft leben, bis in die Lebenspraxis hinein. Für die moralische Erziehung gerade im Jugendalter ist viel gewonnen, wenn Eltern, Lehrer und Schüler gemeinsam sich an den Brennpunkten der Gegenwart engagieren, sei es durch die Mitarbeit bei Greenpeace oder Amnesty International, der Mithilfe bei der Aufnahme von Asylanten oder der Übernahme einer Patenschaft für eine Schulinitiative oder ein Entwicklungsprojekt in der Dritten Welt.

Durch das «rechte Denken», das Hinführen zum individuellen Urteilsvermögen und das persönliche Vorbild Wege in die Zukunft aufzuzeigen, erscheint somit als pädagogische Herausforderung des Jugendalters.

Und die Strafe? Gehen wir wiederum von einem Beispiel aus. Am Ende einer Klassenfahrt kommt es zu einer Schlägerei zwischen zwei Schülern der zwölften Klasse; ernsthaft verletzt hat sich zum Glück keiner von beiden. In dem nachfolgenden Gespräch, zu dem der Lehrer die Streitenden bittet, erweist sich, daß zwischen ihnen seit Jahren Spannungen herrschen, die in ihrer unterschiedlichen Konstitution begründet liegen und in der Klasse zu Eifersucht, Sticheleien und Cliquenbildung geführt haben. Vieles, das unausgesprochen lebt, ist hier bewußtzumachen. Der Erwachsene wird zum Katalysator eines Gesprächsprozesses, der über die Aufarbeitung der Vergangenheit zu einer neuen Möglichkeit der Begegnung führt; die eigentlich Tätigen sind die Jugendlichen selbst. Das individuelle Gewissen kann, wenn der Erziehungsprozeß gelingt, den Weg zur Selbsterziehung weisen.

Zusammenfassung

Es erscheint abschließend sinnvoll, die vorangehenden Hinweise zur moralischen Erziehung einzubetten in dem Gesamtzusammenhang der Überlegungen des vierten Kapitels, das sich mit der Problematik des Ich beschäftigte. Die Krise der Individualität stellt sich gegenwärtig einerseits als Regression in die vorindividuellen Verhaltensmuster von Nationalismus und Fundamentalismus dar, andererseits als egoistisches Ausleben der Triebnatur in den unterschiedlichsten Facetten vom Konsumismus bis hin zur sexualisierten Gewalt. Das apokalyptische Bild vom «Reich des Tieres» deutet auf den spirituellen Hintergrund dieser Erscheinungen hin: Es existiert eine Macht des Bösen, die dem Menschen nahelegt, sein Ich zu leugnen und sich damit als «Tier» zu verstehen und entsprechend zu leben. Der geistige Widerpart dieser Macht ist der wiedererscheinende Christus, er wird in der Johannes-Apokalypse geschildert als der endzeitliche Menschensohn, der die Ernte der Weltentwicklung einbringt. Rudolf Steiner hat, teilweise in unmittelbarer Deutung der Johannes-Apokalypse, teilweise in ähnlichen Begriffen, sowohl das Wirken des radikalen, antipersonalen Bösen wie auch das erneuerte Christuswirken auf das 20. Jahrhundert bezogen. Damit ist der Mensch der Gegenwart in die apokalyptische Entscheidungssituation hineingestellt, entweder «tierischer als jedes Tier» zu sein oder in der Stimme des Gewissens den Anruf seines höheren Selbst wahrzunehmen. In diesem Zusammenhang erscheint bedeutsam, daß sich gegenwärtig ein Wandel der Gewissenskräfte vollzieht: Die rückwärts gewandte Form des Gewissens, welche zur Reue über vergangene Untaten führt, wird mehr und mehr abgelöst durch das prophetische Gewissen, welches für zukünftige Tatfolgen sensibilisiert und anspornt zur Realisierung des Guten. Von daher besteht die zentrale Aufgabe moralischer Erziehung darin, die individuelle Gewissensstimme freizulegen, eine Herausforderung, die angesichts der historisch erwiesenen Sackgassen sowohl eines autoritären wie eines anti-autoritären Erziehungsstils eine riskante Gratwanderung erfordert. Ein Wegweiser stellt in diesem Zusammenhang das Besinnen auf den Charakter sinnvollen Strafens dar: Die Strafe sollte nicht aus Rache erfolgen oder mit dem Ruf nach Vergeltung verhängt werden, sondern eine Hilfe sein für das zukünftige Handeln, indem sie das Geschehene anschaulich vor Augen stellt und das Kind zur Wiedergutmachung bewegt.

Wesentlicher aber noch erscheint die Einsicht in die moralischen Kräfte, welche in den verschiedenen Phasen der kindlichen Entwicklung zur Entfaltung drängen und ein adäquates erzieherisches Handeln des Erwachsenen erfordern. Im Umgang mit dem Kleinkind, das sich mit einem elementaren Urvertrauen nachahmend in die Welt einlebt, sind besonders drei Elemente wichtig: das Vermitteln von Geborgenheit durch eine feste Bezugsperson, die Pflege einer natürlichen Religiosität und das Vorbild des Erwachsenen. Das «rechte Tun», in diesem Lebensalter entscheidender als viele Worte, schließt auch das konsequente Handeln gegenüber kindlichen Unarten ein; gegenüber einem herrschsüchtigen Trotzkopf ist es durchaus erforderlich, klare Grenzen zu ziehen. Die Strafe rechnet in diesem Lebensalter mit der Nachahmungsfähigkeit des Kindes, der Erwachsene bringt stellvertretend die Sache in Ordnung.

Während des Übergangs zum Schulalter vollzieht sich mit dem körperlichen auch ein seelischer Wandel des Kindes; das Reifen der Vorstellungskräfte führt zum Bedürfnis nach lebensvollen inneren Bildern. Der Erwachsene, der durch das «rechte Wort» einer künstlerischen Schilderung auf dieses Bedürfnis eingehen und die sich entfaltenden Gewissenskräfte durch das persönliche Vorbild anregen kann, wird für das Kind zur Autorität. Beim Strafen kommt ihm die Aufgabe zu, gemeinsam mit den Schülerinnen und Schülern die vergangene Verfehlung möglichst objektiv zu beleuchten und Wege einer ausgleichenden Gerechtigkeit zu finden; die Wiedergutmachung haben die Kinder selbst durchzuführen.

Im Jugendalter schließlich stellt sich die schwierige Aufgabe der Identitätsfindung; sie kann bewältigt werden, wenn es gelingt, durch das «rechte Denken» urteilsfähig zu werden, Fähigkeiten zum sachgerechten Handeln zu erwerben und eine sinnvolle Lebensorientierung zu finden. In diesem Kontext stellt sich in der Oberstufe die Aufgabe, im Gespräch mit den Schülerinnen und Schülern die Reflexion über die Auffassung vom Menschen, die Gegenwartszivilisation und die sich stellenden Aufgaben anzuregen; welchen Weg die Heranwachsenden dann einschlagen, unterliegt ihrer Selbstbestimmung. Auch in bezug auf die Strafe wird der Erwachsene sich zurücknehmen und auf die Gewissenskräfte der Jugendlichen vertrauen müssen; er ist weniger als Richter gefragt denn als Anreger eines Gesprächsprozesses, in dem die Heranwachsenden Wege zur Selbsterziehung suchen. Weder durch eine Verschärfung der Strafgesetze noch durch eine Restauration überkommener Werte kann die Krise der Individualität überwunden werden, sondern nur durch eine Stärkung des Individuellsten im Menscheninnern: des Gewissens.

Schlußbemerkung

Auf vier Ebenen, dem Felde des Sozialen, des Bewußtseins, der Seele und des Ich, wurde in der vorangehenden Studie die Situation des Menschen in der Gegenwart beleuchtet; sie erwies sich als bedrohlich und krisenhaft, eben als «apokalyptisch». Doch konnte gerade die Betrachtung der Johannes-Apokalypse mit ihrer durchgehend evolutiven Perspektive den Blick für eine tiefere Dimension unserer Zeit öffnen. Den Bildern des Bedrohlichen, das als Folgewirkung des Bösen erscheint, stehen Motive eines spirituellen Aufbruchs und kosmische Entwicklungsziele, steht das Wirken des auferstandenen Christus und der mit ihm verbunden geistigen Wesen gegenüber. Damit verändert sich die Situation des Menschen in fundamentaler Weise: Die Gefährdung wird zur Herausforderung. In apokalyptischer Sicht – und die konnte durch Ausführungen Rudolf Steiners entscheidend vertieft werden – enthüllt sich die Gegenwart als Zeit der «Krisis» in der eigentlichen Bedeutung dieses Wortes: als Zeit der Entscheidung.

Die Dialektik dieser Situation stellt sich in der Johannes-Apokalypse in eindrucksvollen Bildern dar. Am Anfang steht das Motiv des auferstandenen Christus als Urbild und Ziel des Menschen, aus seinem Munde «geht hervor ein zweischneidiges Schwert» (Kapitel 1, 16). Wenn mit dem Menschensohn, so wird angedeutet, das Prinzip des Ich in die Evolution eintritt, dann ist damit immer eine «Krisis» gegeben: Das Ich kann zur Entfaltung des höheren Selbst, aber auch zur Dekadenz des Ego führen. «Wer nicht begreift, daß dieses Ich ein zweischneidiges Schwert ist, der wird kaum den ganzen Sinn der Menschheits- und Weltentwickelung verstehen. Auf der einen Seite ist dieses Ich die Ursache dessen, daß die Menschen in sich selbst sich verhärten, daß sie alles, was ihnen zur Verfügung stehen kann an äußeren Dingen und inneren Gütern, in den Dienst dieses ihres Ichs einbeziehen wollen ... Auf der anderen Seite dürfen wir nicht vergessen, daß dieses Ich zugleich dasjenige ist, was dem Menschen seine Selbständigkeit, seine innere Freiheit gibt, was den Menschen im wahrsten

Sinne des Wortes erhöht. In diesem Ich ist seine Würde begründet. Es ist die Anlage zum Göttlichen im Menschen.»[192]

Dieses Motiv der Doppelnatur des Ich, das zu Beginn der Johannes-Apokalypse aufleuchtet, ragt am Ende des Werkes in kosmische Dimensionen hinein. In den letzten Kapiteln stehen die Bilder des Himmlischen Jerusalem und der Weltstadt Babylon einander gegenüber: Die erste erscheint als Braut, geschmückt für die Hochzeit mit dem Menschensohn, die andere als Hure, die sich mit dem Tier verbindet. Auf dem Hintergrund der bisherigen Deutung läßt sich die Symbolik entschlüsseln: Das Bild der Frau, einerseits in Gestalt der Braut, andererseits in Gestalt der Hure, verweist auf die Seele, die sich entweder in mystischer Hochzeit mit dem höheren Selbst vereinigen kann oder aber dem Ego verfällt. Dabei ist die Entscheidung, welche die Seele trifft, keine rein innerliche Angelegenheit, sondern wirkt kulturbegründend; das Bild der Städte deutet darauf hin, daß sich aus der jeweiligen moralischen Substanz heraus unterschiedliche Welten bilden werden.

Eine solche Perspektive fordert dazu auf, sich die Bedeutsamkeit der eigenen Lebensführung bewußtzumachen. Daher endet die Apokalypse unmittelbar existentiell-willenshaft in einem Anruf an den Menschensohn und damit das höhere Selbst, sich mit der suchenden Seele zu verbinden:

Der Geist und die Braut, sie sprechen: Komm!
Wer es hört, der spreche: Komm! ...
Es spricht, der dies bezeugt, Ja, ich komme bald. (Kap. 22, 17,20)[193]

Mit den vorangehenden Ausführungen ist die Hoffnung verknüpft, daß die in den letzten Zeilen der Johannes-Apokalypse anklingende Bereitschaft, sich selbst auf einen spirituellen Weg zu begeben und zu verwandeln, gerade auf dem Felde der Erziehung wachsen möge. Weniger neue Konzepte, so scheint mir, sind gegenwärtig notwendig als ein Aufwachen für die geistigen Zusammenhänge, in denen das tägliche Handeln steht. Denn nur aus einem solchen Hintergrund wird die Kraft erfließen können, die Aufgaben des Alltags nicht in festgefahrener Routine, sondern immer wieder schöpferisch neu zu erfüllen.

179

Anmerkungen

GA = Rudolf Steiner Gesamtausgabe, Dornach

1 Maria Fölling-Albers, Schulkinder heute, Weinheim und Basel 1992, S. 45.
2 Ebenda, S. 46.
3 Hartmut von Hentig, Die Schule neu denken, München/Wien 1993.
4 Ebenda, S. 10.
5 Vgl. Apk 1,13–16.
6 Vgl. Andrew Welburn, Am Ursprung des Christentums, Stuttgart 1992, S. 193.
7 Vgl. Angelika Krogmann, Simone Weil, Reinbek b. Hamburg 1970, S. 181 f.
8 Die Deutung der Johannes-Apokalypse in diesem Sinn ist angeregt durch die Vorträge Rudolf Steiners zu diesem Thema; allerdings werden die vielfältigen Interpretationsansätze nicht systematisch entfaltet; vgl. Rudolf Steiner, Die Apokalypse des Johannes, GA 104; Aus der Bilderschrift der Apokalypse des Johannes, GA 104a; Vorträge und Kurse über christlich-religiöses Wirken. Apokalypse und Priesterwirken, GA 346; die zitierten Textpassagen aus der Johannes-Apokalypse sind der Übersetzung von Walter Jens, Das A und das O. Die Offenbarung des Johannes, Stuttgart 1988, entnommen, gibt sie doch den knappen, fragmentarischen Stil des Urtextes treffend wieder; einige interpretierende Abweichungen von der griechischen Vorlage hat der Verfasser allerdings verändert. Zur bewußtseinsgeschichtlichen Entwicklung vgl. Karl-Martin Dietz, Metamorphosen des Geistes, 3 Bände, Stuttgart 1989.
9 Vgl. Hartmut von Hentig, Die Schule neu denken, München/Wien 1993, S. 191 f.
10 Vgl. Hans Magnus Enzensberger, Ausblicke auf den Bürgerkrieg, Spiegel 25/1993.
11 Der Spiegel, 22/1994.
12 Botho Strauß, Anschwellender Bocksgesang, Der Spiegel 6/1993.
13 Rudolf Steiner, Menschenwerden, Weltenseele und Weltengeist, 2. Teil, GA 206, 1967, Vortrag vom 6. August 1921, S. 92.
14 Vgl. Rudolf Steiner, Die Tempellegende und die Goldene Legende, GA 93, Vortrag vom 23. Dezember 1904.
15 Rudolf Steiner, Die Apokalypse des Johannes, GA 104, 1979, Vortrag vom 25. Juni 1908, S. 158.
16 Vgl. dazu etwa Rudolf Steiner, Die soziale Grundforderung unserer Zeit. In geänderter Zeitlage, GA 186, besonders die Vorträge vom 6. und 12. Dezember 1918.
17 Vgl. etwa Jürgen Roloff, Die Offenbarung des Johannes, Zürich 1987, S. 46.

18 Ebenda, S. 46.

19 Ebenda, S. 41.

20 Emil Bock, Apokalypse. Betrachtungen über die Offenbarung des Johannes, Stuttgart 1952, S. 46.

21 Hans Schwarz, Das Geheimnis der sieben Sterne. Eine Deutung der Johannesoffenbarung, Stuttgart 1993, S. 50.

22 Vgl. Num 31,16.

23 Rudolf Steiner, Geisteswissenschaft und soziale Frage, Sonderdruck aus GA 34, Dornach 1968, S. 34.

24 Ebenda, S. 35.

25 Ebenda, S. 36.

26 Ebenda, S. 36 f.

27 Vgl. dazu Stefan Leber, Hrsg., Das Soziale Hauptgesetz. Beiträge zum Verhältnis von Arbeit und Einkommen, Stuttgart 1985.

28 Rudolf Steiner, Gesammelte Aufsätze zur Kultur- und Zeitgeschichte 1887–1901, GA 31, 1966, S. 255 f.

29 Ebenda, S. 256.

30 Rudolf Steiner in der Waldorfschule. Ansprachen für Kinder, Eltern und Lehrer, GA 298, 1980, Ansprache vom 22. Juni 1923, S. 188.

31 Rudolf Steiner, Anthroposophische Gemeinschaftsbildung, GA 257, 1974, Vortrag vom 27. Februar 1923, S. 116.

32 Rudolf Steiner, Theosophie, GA 9, 1978, Kap. «Leib, Seele und Geist», S. 40.

33 Vgl. etwa Frank Teichmann, Die Kultur der Empfindungsseele, Stuttgart 1990.

34 Zit. nach Rudolf Treichler, Die Entwicklung der Seele im Lebenslauf, Stuttgart 1981, S. 57.

35 Lehre des Wesirs Ptahotep, 5. Dynastie, in: Weltgeschichte im Aufriß, Arbeits- und Quellenbuch, Bd. 1, Frankfurt a. M. 1973[14], S. 9.

36 Rudolf Steiner, Theosophie, GA 9, 1978, S. 42 f.

37 Rudolf Steiner, Metamorphosen des Seelenlebens, GA 58, 1984, Vortrag vom 22. Oktober 1909, S. 81.

38 Vgl. etwa: Frank Teichmann, Die Kultur der Verstandesseele, Stuttgart 1993.

39 Zit. nach Rudolf Treichler, Die Entwicklung der Seele im Lebenslauf, Stuttgart 1981, S. 57.

40 Zit. nach Georg Fabian, Diskutieren, Debattieren, München 1969[4], S. 99.

41 Rudolf Steiner, Theosophie, GA 9, 1978, S. 51.

42 Rudolf Steiner, Die soziale Grundforderung unserer Zeit. In geänderter Zeitlage, GA 186, 1979, Vortrag vom 7. Dezember 1918, S. 112.

43 Rudolf Steiner, Die Verbindung zwischen Lebenden und Toten, GA 168, 1976, Vortrag «Wie kann die seelische Not der Gegenwart überwunden werden?» vom 10. Oktober 1916, S. 94.

44 Rudolf Steiner, Die soziale Grundforderung unserer Zeit. In geänderter Zeitlage, GA 186; wertvolle Anregungen finden sich auch in: Friedrich Benesch,

Pfingsten heute. Gemeinschaft im Zeichen des Individualismus, Stuttgart 1976.

45 Rudolf Steiner, Die soziale Grundforderung unserer Zeit. In geänderter Zeitlage, GA 186, 1979, Vortrag vom 12. Dezember 1918, S. 175.

46 Ebenda, Vortrag vom 6. Dezember 1918, S. 91 f.

47 Ebenda, Vortrag vom 6. Dezember 1918, S. 96.

48 Ebenda, Vortrag vom 6. Dezember 1918, S. 99.

49 Friedrich Nietzsche, Also sprach Zarathustra, in: Werke, Bd. 1, hrsg. v. G. Stenzel, Salzburg 1983, S. 362.

50 Rudolf Steiner, Die soziale Grundforderung unserer Zeit. In geänderter Zeitlage, GA 186, 1979, Vortrag vom 7. Dezember 1918, S. 127.

51 Rudolf Treichler, Die Entwicklung der Seele im Lebenslauf, Stuttgart 1981, S. 284.

52 Vgl. etwa Fritjof Capra, Wendezeit. Bausteine für ein neues Weltbild, Bern, München, Wien 1986[11].

53 Gerhard Schulze, Die Erlebnisgesellschaft. Kultursoziologie der Gegenwart, Frankfurt a. M./New York 1993.

54 Max Weber, Politik als Beruf, Berlin 1977[6], S. 66 f.

55 Vgl. auch C. G. Jung u. a., Der Mensch und seine Symbole, Olten und Freiburg 1981[13], S. 174.

56 Vgl. Eugen Herrigel, Zen in der Kunst des Bogenschießens, 1978[16].

57 Vgl. Alfred Wikenhauser, Die Offenbarung des Johannes, Regensburg 1959.

58 Vgl. Hanns Lilje, Das letzte Buch der Bibel. Eine Einführung in die Offenbarung des Johannes, Bielefeld 1980[8].

59 Die Worte der Märtyrer werden zumeist so übersetzt, als forderten sie Rache oder Sühne für ihren Tod. Im griechischen Verb «edikein» steckt aber das Wort «gerecht», so daß der Sinn anklingt: «Wie lange zögerst Du mit dem Gericht, das unser Blut vor den Bewohnern der Erde als gerecht erweist?», das heißt unser Opfer rechtfertigt und als sinnvoll erscheinen läßt.

60 Helmuth von Glasenapp, Hrsg., Bhagavadgita, Stuttgart 1955, S. 31f.

61 Vgl. Daniel J. van Bemmelen, Zarathustra, Stuttgart 1975.

62 Helmut von Glasenapp, Hrsg., Die nichtchristlichen Religionen, Frankfurt a. M. 1957, S. 294.

63 Hymnus an Osiris, in: Ägyptisches Totenbuch, Bern/München/Wien 1976, S. 203.

64 Vgl. Frank Teichmann, Der Mensch und sein Tempel. Griechenland, Stuttgart 1980, S. 103 ff.

65 Vgl. etwa Christoph Lindenberg, Vom geistigen Ursprung der Gegenwart, Stuttgart 1984.

66 Rudolf Steiner, Anthroposophische Leitsätze, GA 26, 1976, «Im Anbruch des Michael-Zeitalters», S. 60.

67 Vgl. dazu Hans-Werner Schroeder, Der Mensch und das Böse, Stuttgart 1984, S. 46 ff.

68 Zitiert nach Diether Rudloff, Unvollendete Schöpfung. Künstler im 20. Jahrhundert, Stuttgart 1982, S. 65.

69 Rudolf Steiner, Anthroposophische Leitsätze, GA 26, 1976, «Die menschliche Seelenverfassung vor dem Anbruch des Michael-Zeitalters», S. 66.

70 Rudolf Steiner, Die Anthroposophie und das menschliche Gemüt, GA 223, 1980, Vortrag vom 27. September 1923, S. 103 f.

71 Vgl. Rudolf Steiner, Die spirituellen Hintergründe der äußeren Welt. Der Sturz der Geister der Finsternis, GA 177, Vortrag vom 14. Oktober 1917.

72 Rudolf Steiner, ebenda, Vortrag vom 26. Oktober 1917.

73 Rudolf Steiner, Geisteswissenschaft als Erkenntnis der Grundimpulse sozialer Gestaltung, GA 199, 1967, Vortrag vom 11. September 1920, S. 258.

74 Ebenda.

75 Zit. nach Erhard Fucke, Die Bedeutung der Phantasie für Emanzipation und Autonomie des Menschen, Stuttgart 1972, S. 25.

76 Wassily Kandinsky, Über das Geistige in der Kunst, Bern 1952, S. 95 f.

77 Rudolf Steiner, Die Philosophie der Freiheit, GA 4, Kapitel XII.

78 Joseph Beuys/Michael Ende, Kunst und Politik – Ein Gespräch, Wangen 1989.

79 Vgl. Heinz Buddemeier, Illusion und Manipulation, Stuttgart 1987; ders., Leben in heimatlichen Welten. Cyberspace, Videofilm und das tägliche Fernsehen, Stuttgart 1993; Rainer Patzlaff, Medienmagie und die Herrschaft über die Sinne, Stuttgart 1985.

80 Reginald Földy/Erwin Ringel, Machen uns die Medien krank?, München 1993, S. 172.

81 Vgl. Cyber-Kultur für jedermann, Spiegel 33/1994.

82 Vgl. E. A. Karl Stockmeyer, Rudolf Steiners Lehrplan für die Waldorfschulen, Stuttgart 1976, S. 76.

83 Hermann Grimm, Das Leben Goethes, Stuttgart o.J., S. 330.

84 Vgl. Rudolf Steiner, Die Erkenntnis-Aufgabe der Jugend, GA 217a, 1981, Ansprache vom 20. Juli 1924, S. 182.

85 Rudolf Steiner, Der Tod als Lebenswandlung, GA 182, 1976, Vortrag «Was tut der Engel in unserem Astralleib?» vom 9. Oktober 1918, S. 140 ff.

86 Rudolf Steiner, Geisteswissenschaft als Erkenntnis der Grundimpulse sozialer Gestaltung, GA 199, 1967, Vortrag vom 11. September 1920, S. 260.

87 Rudolf Steiner, Allgemeine Menschenkunde als Grundlage der Pädagogik, GA 293, Vortrag vom 22. August 1919.

88 Rudolf Steiner, Geistige Wirkenskräfte im Zusammenleben von alter und junger Generation, Pädagogischer Jugendkurs, GA 217, 1979, Vortrag vom 15. Oktober 1922, S. 192.

89 In: Peter Sichrovsky, Unheilbar deutsch, Köln 1993, S. 141.

90 Mannheimer Morgen, 30. 8. 1994.

91 Max Weber, Gesammelte Aufsätze zur Religionssoziologie, 3 Bände, Tübingen 1972, I., S. 204.

92 Max Horkheimer/Theodor W. Adorno, Dialektik der Aufklärung, Frankfurt a.M. 1988, S. 40.
93 Heinz Buddemeier, Illusion und Manipulation, Stuttgart 1987, S. 48.
94 Zitiert nach: Neil Postman, Das Verschwinden der Kindheit, Frankfurt a.M. 1983, S. 88.
95 Reginald Földy/Erwin Ringel, Machen uns die Medien krank?, München 1993, S. 149.
96 Ebenda, S. 186.
97 Vgl. ebenda, S. 209.
98 Hartmut von Hentig, Die Schule neu denken, München/Wien 1993, S. 30.
99 Vgl. Jacques Lusseyran, Das wiedergefundene Licht, Hamburg 1972⁴, S. 126.
100 Vgl. Eugen Drewermann, Tiefenpsychologie und Exegese, Bd. II, Wunder, Vision, Weissagung, Apokalypse, Geschichte, Gleichnis, Olten und Freiburg 1985, S. 552 ff.
101 Vgl. etwa: Ulrich B. Müller, Die Offenbarung des Johannes, Würzburg 1984, S. 193.
102 Rudolf Steiner, Wie erlangt man Erkenntnisse der höheren Welten?, GA 10, 1975, Kap. «Spaltung der Persönlichkeit während der Geistesschulung», S. 190.
103 Vgl. etwa: Jörgen Smit u.a., Freiheit erüben, Stuttgart 1988.
104 Hartmut von Hentig, Die Schule neu denken, München/Wien 1993, S. 226f.
105 Vgl. Rudolf Steiner, Geisteswissenschaftliche Behandlung sozialer und pädagogischer Fragen, GA 192, Vortrag vom 1. Juni 1919.
106 Vgl. zur menschenkundlichen Relevanz des Rhythmus: Ernst Michael Kranich u.a., Die Bedeutung des Rhythmus in der Erziehung, Stuttgart 1992.
107 Vgl. Rudolf Steiner, Menschenerkenntnis und Unterrichtsgestaltung, GA 302, Vortrag vom 12. Juni 1921; Erhard Fucke, Grundlinien einer Pädagogik des Jugendalters, Stuttgart 1991, S. 53 f.
108 Peter Tradowsky, Kaspar Hauser, Dornach 1980, S. 51.
109 Rudolf Steiner, Allgemeine Menschenkunde als Grundlage der Pädagogik, GA 293, 1992, Vortrag vom 30. August 1919, S. 135.
110 Vgl. Handbuch der Geschichtsdidaktik, hrsg. von K. Bergmann, A. Kuhn, J. Rüsen, G. Schneider, Düsseldorf 1985.
111 Vgl. Eugen Kaier (Hrsg.), Grundzüge der Geschichte, Bd. 3, S. 6.
112 Hartmut von Hentig, Die Schule neu denken, München/Wien 1993, S. 45.
113 Ebenda, S. 42.
114 Vgl. dazu Stefan Leber, Die Impulsierung der menschlichen Entwicklung und der neueren Geschichte aus der Sphäre des Schlafes, in: Der Rhythmus von Schlafen und Wachen, Stuttgart 1990, S. 9 f.
115 Rudolf Steiner, Menschenerkenntnis und Unterrichtsgestaltung, GA 302, 1978, Vortrag vom 14. Juni 1921, S. 48.
116 Rudolf Steiner, Allgemeine Menschenkunde als Grundlage der Pädagogik, GA 293, 1992, Vortrag vom 25. August 1919, S. 71.

117 Ebenda, Vortrag vom 27. August 1919, S. 96.
118 Rudolf Steiner, Menschenerkenntnis und Unterrrichtsgestaltung, GA 302, 1978, Vortrag vom 12. Juni 1921, S. 24.
119 Ebenda.
120 Vgl. zum folgenden: Erziehungskunst, Themenheft Klassenspiele, 10/1994.
121 Erziehungskunst, 9/1993, S. 946.
122 Vgl. Hartmut von Hentig, Die Schule neu denken, München/Wien 1993, S. 218.
123 Vgl. Andreas Schubert, Soziales Lernen in der Oberstufe, in: Erziehungskunst, 9/1993, S. 947 f.
124 Rudolf Steiner, Allgemeine Menschenkunde als Grundlage der Pädagogik, 1992, Vortrag vom 4. September 1919, S. 194.
125 Zitiert nach Reginald Földy/Erwin Ringel, Machen uns die Medien krank?, München 1993, S. 209.
126 Der Spiegel, 6/1993.
127 K. Wagenführ, Im verdunkelten Zimmer. Der Programmaufbau des Fernsehsenders, in: Unterhaltungsblatt der OAZ vom 13.12.1939, zit. nach H. K. Gombrecht, Ihr Fenster zur Welt, oder: Wie aus dem Medium Fernsehen die Fernsehwirklichkeit wurde, Manuskriptdruck des Siegener Forschungsbereichs zu den Bildschirmmedien in Deutschland.
128 Der Spiegel, 2/1993.
129 Ebenda, 24/1993.
130 Ebenda, 24/1993.
131 Hans P. Duerr, Nacktheit und Scham. Der Mythos vom Zivilisationsprozeß, Frankfurt a. M. 1988.
132 Reinhold Haskamp, zit. nach Publik-Forum, Nr 13, 15.07.1994, S. 37; vgl. auch Rudolf Steiner, Die Theosophie des Rosenkreuzers, GA 99, Vortrag vom 5. Juni 1907; ders., Das Johannes-Evangelium, GA 112, Vortrag vom 30. Juni 1909.
133 Der Spiegel, 3/1993.
134 Götz Eisenberg/Reimer Gronemeyer, Jugend und Gewalt, Reinbek b. Hamburg, Juni 1993, S. 177.
135 Der Spiegel, Schulen der Bestialität, 27/1994.
136 Es würde den Rahmen der vorliegenden Untersuchung sprengen, die sehr differenzierten Ausführungen Steiners zu diesem Komplex darzustellen und zu interpretieren; für das weiterführende eigene Studium sei auf einige Vorträge Steiners verwiesen: Die Apokalypse des Johannes, GA 104, Vortrag vom 29. Juni 1908; Aus der Bilderschrift der Apokalypse des Johannes, GA 104a, Vorträge vom 22. April 1907 und 19. Mai 1909; Vorträge und Kurse über christlich-religiöses Wirken. Apokalypse und Priesterwirken, GA 346, Vorträge vom 12. und 20. September 1924.
137 Rudolf Steiner, Geisteswissenschaftliche Menschenkunde, GA 107, 1973, Vortrag vom 22. März 1909, S. 249.

138 Vgl. dazu: Friedrich Benesch, Das Ereignis der Himmelfahrt Christi, Stuttgart 1974.

139 Vgl. Apg 1,9.

140 Rudolf Steiner, Das Ereignis der Christus-Erscheinung in der ätherischen Welt, GA 118.

141 Sigmund Freud, Das Ich und das Es, in: Gesammelte Werke, Band 13, S. 277f, Frankfurt a.M. 1972[7].

142 Dieser Aspekt eines oberflächlichen, konventionellen Gewissens wird von Rudolf Steiner in seiner «Philosophie der Freiheit» (GA 4) behandelt und entsprechend kritisch betrachtet.

143 Barbara Nordmeyer, Zeitgewissen, Stuttgart 1974, S. 23.

144 Robert Jungk, Hrsg., Off limits für das Gewissen. Der Briefwechsel Claude Eatherly–Günter Anders, Reinbek b. Hamburg 1961.

145 Ebenda, S. 141.

146 Rudolf Steiner, Der irdische und der kosmische Mensch, GA 133, 1964, Vortrag vom 14. Mai 1912, S. 105.

147 Solche Wege meditativer Schulung sind von Rudolf Steiner ausführlich beschrieben worden, vgl. etwa: Wie erlangt man Erkenntnisse höherer Welten?, GA 10; Die Geheimwissenschaft im Umriß, GA 13, Kap. «Die Erkenntnis der höheren Welten»; Die gesunde Entwickelung des Leiblich-Physischen als Grundlage der freien Entfaltung des Seelisch-Geistigen, GA 303, Vortrag vom 26. Dezember 1921.

148 Rudolf Steiner, Ursprungsimpulse der Geisteswissenschaft. Christliche Esoterik im Lichte neuer Geist-Erkenntnis, GA 96, 1974, Vortrag vom 15. Oktober 1906, S. 109.

149 Zit. nach Karl-Martin Dietz, Metamorphosen des Geistes, Band I, Stuttgart 1989, S. 229.

150 Vgl. dazu Rudolf Steiner, Metamorphosen des Seelenlebens – Pfade der Seelenerlebnisse, 2. Teil, GA 59, Vortrag vom 5. Mai 1910.

151 Röm 2,14–15.

152 Vgl. Karl Heyer, Von der Atlantis bis Rom, Stuttgart 1984, S. 161–189.

153 Vgl. Karl-Martin Dietz, Metamorphosen des Geistes, Band I, Stuttgart 1989, S. 213.

154 Vgl. dazu: Henning Andersen, Odyssee des Gewissens. Die Entwicklung der freien Individualität von der Antike bis zur Gegenwart, Stuttgart 1992, S. 140–152.

155 Karl-Martin Dietz, Metamorphosen des Geistes, Band I, Stuttgart 1989, S. 213.

156 Rudolf Steiner, Metamorphosen des Seelenlebens, GA 59, 1984, Vortrag vom 5. Mai 1910, S. 258.

157 Rudolf Steiner, Erfahrungen des Übersinnlichen. Die drei Wege der Seele zu Christus, GA 143, Vortrag vom 3. Februar 1912.

158 Rudolf Steiner, Der Christus-Impuls und die Entwickelung des Ich-Bewußtseins, GA 116, 1961, Vortrag vom 8. Mai 1910, S. 159.

159 Ebenda.

160 Vgl. dazu: Rudolf Steiner, Allgemeine Menschenkunde als Grundlage der Pädagogik, GA 293, Vortrag vom 15. August 1919.

161 Vgl. Rudolf Steiner, Erfahrungen des Übersinnlichen. Die drei Wege der Seele zu Christus, GA 143, Vortrag vom 3. 2. 1912.

162 Jacques Lusseyran, Das wiedergefundene Licht, Stuttgart 1963, S. 114.

163 Ebenda, S. 199.

164 Vgl. etwa Rudolf Steiner, Das Ereignis der Christus-Erscheinung in der ätherischen Welt, GA 118, Vorträge vom 25. und 27. Januar 1910; eine umfassende Sammlung von Texthinweisen findet sich in: Harald Giersch, Rudolf Steiner über die Wiederkunft Christi, Dornach 1991.

165 Rudolf Steiner, Wie erlangt man Erkenntnisse der höheren Welten?, GA 10, 1975, Kap. «Die Bedingungen der Geheimschulung», S. 106.

166 Rudolf Steiner, Vorträge und Kurse über christlich-religiöses Wirken. Apokalypse und Priesterwirken, GA 346, Vortrag vom 21. September 1924.

167 Der Spiegel, 4/1993, S. 41.

168 Peter Sichrovsky, Unheilbar deutsch, Köln 1993, S. 21.

169 Der Spiegel, 2/1993, S. 171.

170 Rudolf Steiner, Konferenzen mit den Lehrern der Freien Waldorfschule, Band II, GA 300b, 1975, S. 271.

171 Rudolf Steiner, Allgemeine Menschenkunde als Grundlage der Pädagogik, GA 293, 1992, Vortrag vom 30. August 1919, S. 144.

172 Vgl. Stefan Leber, Die Menschenkunde der Waldorfpädagogik. Anthropologische Grundlagen der Erziehung des Kindes und Jugendlichen, Stuttgart 1993, S. 218.

173 Lotte Schenk-Danzinger, Entwicklungspsychologie, Wien 1988[20], S. 77.

174 Vgl. R. Michaelis, Die Bedeutung der motorischen Entwicklung für die geistige Entwicklung des Kindes, in: Wahrnehmungsübungen, herausgegeben vom Fachverband des Diakonischen Werkes der EKD, Stuttgart 1980.

175 Jirina Prekop, Der kleine Tyrann, München 1988, S. 59.

176 Der Spiegel, 3/1994, S. 99.

177 Vgl. Franz und Ulrike Petermann, Training mit aggressiven Kindern, Weinheim 1993.

178 Gunter Hildebrandt, Zeiterleben und Zeitorganismen des Menschen, in: Georg Kniebe (Hrsg.), Was ist Zeit?, Stuttgart 1993, S. 179.

179 Vgl. Rudolf Steiner, Menschenwesen, Menschenschicksal und Welt-Entwikkelung, GA 226, Vortrag vom 19. Mai 1923.

180 Jirina Prekop, Der kleine Tyrann, München 1988, S. 85f.

181 Vgl. Norbert Havers, Aggressives Verhalten von Schülern, in: Pädagogik, 3/1993.

182 Vgl. Stefan Leber, Die Menschenkunde der Waldorfpädagogik. Anthropologische Grundlagen der Erziehung des Kindes und Jugendlichen, Stuttgart 1993, S. 233.

183 Rudolf Steiner, Allgemeine Menschenkunde als Grundlage der Pädagogik, GA 293, Vortrag vom 30. August 1919.

184 Vgl. auch Erhard Fucke, Die Bedeutung der Phantasie für Emanzipation und Autonomie des Menschen, Stuttgart 1981²; Erich Gabert/Georg Kniebe, Strafe in der Selbsterziehung und in der Erziehung des Kindes, Stuttgart 1993.

185 Vgl. dazu die Angaben und Nachweise in Rainer Patzlaff, Sprachzerfall und Aggression, Stuttgart 1994, S. 114f.

186 Vgl. mit weiteren Literaturangaben: E. Büchner, D. Greif, A. Husemann, Legasthenietherapie in der Waldorfschule, in: Erziehungskunst, 11/1994.

187 Rudolf Steiner, Die pädagogische Praxis vom Gesichtspunkte der geisteswissenschaftlichen Menschenerkenntnis, GA 306, Vortrag vom 20. April 1923.

188 Rudolf Steiner, Allgemeine Menschenkunde als Grundlage der Pädagogik, GA 293, 1992, Vortrag vom 30. August 1919, S. 144.

189 Vgl. Rudolf Steiner, Erziehung und Unterricht aus Menschenerkenntnis, GA 302a, 1972, Vortrag vom 21. Juni 1922, S. 73 f.; Stefan Leber, Die Menschenkunde der Waldorfpädagogik. Anthropologische Grundlagen der Erziehung des Kindes und Jugendlichen, Stuttgart 1993, S. 506; Henning Köhler, Jugend im Zwiespalt, Stuttgart 1990, bes. S. 111 f.

190 Vgl. Albert Schmelzer, Vom Menschlichen zum Menschheitlichen im Geschichtsunterricht, in: Erziehungskunst, 2/1993.

191 Rudolf Steiner, Geschichtliche Symptomatologie, GA 185, 1962, Vortrag vom 26. Oktober 1918, S. 111.

192 Rudolf Steiner, Die Apokalypse des Johannes, GA 104, 1979, Vortrag vom 25. Juni 1908, S. 156.

193 Dieser Anruf war in der Urkirche Teil des Gottesdienstes, er schloß das Verlesen des Buches ab und leitete zum Abendmahl über.

Über den Autor

Albert Schmelzer, geboren 1950, ist seit 1978 Waldorflehrer und hat an der Mannheimer Waldorfschule Geschichte, Deutsch, Kunstgeschichte und Religion unterrichtet. Seine Untersuchung über die Geschichte der Dreigliederungsbewegung ist 1991 als Dissertation an der Ruhr-Universität Bochum angenommen worden («Die Dreigliederungsbewegung 1919», Stuttgart 1991). Heute ist Albert Schmelzer als Dozent an der Freien Hochschule für anthroposophische Pädagogik in Mannheim tätig. Er ist verheiratet und Vater von vier Kindern.

Zur
Unterrichts-
gestaltung im
1. bis 8. Schuljahr
an Waldorf- /
Rudolf Steiner Schulen

Gemeinsames Projekt der
Pädagogischen Sektion am Goetheanum
und der Pädagogischen Forschungsstelle beim
Bund der Freien Waldorfschulen

Verlag am Goetheanum

Zur Unterrichtsgestaltung im 1. bis 8. Schuljahr an Waldorf-/Rudolf Steiner Schulen

Arbeitshilfen für den Hauptunterricht
Überblick über den Fachunterricht
Anregungen zur Klassenführung und zur Elternarbeit

Gemeinsames Projekt der Pädagogischen Sektion am Goetheanum und der Pädagogischen Forschungsstelle beim Bund der Freien Waldorfschulen

1996, 280 S., Kt.
Sfr. 27.–/DM 28.–/ÖS 248.– ISBN 3-7235-0936-3

Als Anregung – nicht als Rezept – werden mögliche Wege der Unterrichtsgestaltung beschrieben und praxisorientierte Hinweise gegeben. Ein Buch, das allen an der Waldorfpädagogik Interessierten einen konkreten Einblick in den Unterricht gewährt.

VERLAG AM GOETHEANUM

Aus der
Unterrichts-
praxis
an Waldorf- /
Rudolf Steiner Schulen

Gemeinsames Projekt der
Pädagogischen Sektion am Goetheanum
und der Pädagogischen Forschungsstelle beim
Bund der Freien Waldorfschulen

Verlag am Goetheanum

Aus der Unterrichtspraxis
an Waldorf-/Rudolf Steiner Schulen

Gemeinsames Projekt der Pädagogischen Sektion am Goetheanum
und der Pädagogischen Forschungsstelle beim Bund der Freien
Waldorfschulen

1996, 280 S., Kt.
Fr. 27.–/DM 28.–/ÖS 248.– ISBN 3-7235-0960-6

Ergänzungsband zu «Unterrichtsgestaltung ...» mit Beiträgen
von: Georg Kniebe, Inge Finkbeiner, Stefan Kaiser, Ingrid von
Schmidt, Brien Masters, Rosemaria Bock, Rudolf Krause,
Christoph Stegmann, Julius Dessecker, E.A. Karl Stockmeyer,
Erich Gabert

Zu den Themen: Verschiedene Unterrichtspfade – «Sinnige
Geschichte» – Erzählstoff – Quint-, Terz- und Oktavstimmung –
Bewegungsschulung im Hauptunterricht – Feldbau in der 3.
Klasse – Das Ringen um eine gerechte soziale Ordnung – Frage
der Autorität u.a.

VERLAG AM GOETHEANUM